コロナ以後にも
気をつけたい言葉の
選び方・使い方

子どもが伸びる、
ほめ方・しかり方がわかる本

発達障害の子どもが元気になるやさしい言葉かけ

監修＊宮尾益知　どんぐり発達クリニック院長

河出書房新社

はじめに

発達障害の子どもたちが少しでも楽しく元気に暮らせるように、お母さんやお父さんが気をつけたい言葉の選び方や使い方があります。発達障害のある子どもたちには強いこだわりがあったり、他の人たちとのコミュニケーションに困難さを伴うことが多いのです。そこで、日常の家庭の中などでは子どもたちの気持ちが沈まないように、やる気が起きて日常の暮らしに支障が出ないような言葉かけをしなければなりません。

この本にはASDやADHDの子どもたちが普段どんな行動をし、ストレスを感じる原因は何かを具体的に紹介をしています。シーンごとにもわかりやすく記しているので、家族のみんなが発達障害のある子どもたちの困難さを理解し、子どもたちの暮らし難さを減らして日々を送れるための「ほめ方」や「しかり方」を紹介しています。

コロナ禍で生活が変化し、以前よりも家族の距離が近づいている時代だからこそ、ますます知っておきたい言葉かけの本です。特にリモートで仕事をするお父さんも増え、日常生活の中でお父さんの存在感も増しています。お父さんにも子どもたちへの言葉かけを知ってもらい子どもたちが今まで以上にはつらつと暮らせるようにしてあげましょう

Contents

はじめに 2

第1章 発達障害の子どもと言葉 7

発達障害って、どんな障害なの？ 8
発達障害の特性は二～三歳ごろから見られ始める 10
本書で取り上げる発達障害のタイプ① ASDの基本的な特性 12
本書で取り上げる発達障害のタイプ② ADHDの基本的な特性 14
ASDの子どもにとって「言葉」とは 16
ADHDの子どもにとって「言葉」とは 18
子どもの心身の発達を促す、言葉かけの重要性 20
■ COLUMN ABA（応用行動分析）で良い行動を伸ばす 22

第2章 発達障害のある子どもへの言葉かけ、八つの基本 23

基本① まず親と子がいい関係を築く 24
基本② とにかくほめる 26
基本③ 否定的な言葉は極力避ける 28
基本④ わかりやすい言葉を使う 30
基本⑤ 叱る回数を減らす 32
基本⑥ 絶対に体罰は与えない 34
基本⑦ 予定表をつくって声かけ確認する 36
基本⑧ 一日を成功体験で終わらせる 38
■ COLUMN 特性のある子どもは「アンコンシャスバイアス」の影響を受けやすい 40

第3章

気になる行動を減らす言葉かけ 41

ASD―人に対して関心や愛着を示さない 42
ASD―パニックを起こす 44
ASD―ルールやマナーが理解できない 46
ASD―こだわり行動をとる 48
ADHD―飽きっぽく集中力に欠ける 50
ADHD―思ったままを口にする、話し出すと止まらない 52
ADHD―ルールや順番が守れない 54
ADHD―暴言を吐く、つい手が出る 56
■ COLUMN 発達障害の子どものいる家庭に「新型コロナ」が与えた影響 58

第4章

日常生活の「できる！」が増える言葉かけ 59

極端な偏食、特定のものしか食べない 60
じっとしていられない 62
お片づけができない 64
洗面、歯磨き、お風呂をいやがる 66
生活リズムが崩れやすい 68
■ COLUMN お父さんにほめてもらうと大きな自信に 70

Contents

第5章 子どもが自信をつける言葉かけ
～上手なほめ方の10のポイント～ 71

POINT
1 その場ですぐにほめる 72
2 ほめられたことがわかるようにほめる 73
3 小さなことでもできたらほめる 74
4 身振りや手振り、表情や態度を交えてほめる 75
5 得意分野を見つけてほめる 76
6 勉強以外のこともほめる 77
7 結果より過程に注目してほめる 78
8 感性や発想力をほめる 79
9 ときには間接的にほめる 80
10 たまにはごほうびをあげてみる 81

■ COLUMN 特性のある子どもは「言葉のストレス」を抱えている 82

第6章 子どもが成長する言葉かけ
～上手な叱り方のポイント10～ 83

POINT
1 その場ですぐに叱る 84
2 できないことは叱らない 85
3 「ダメ!」などの否定的な言葉を使わない 86
4 短い言葉で具体的に叱る 87
5 数字を効果的に使う 88
6 大声や怖い顔をしても伝わらないことがある 89
7 繰り返し何度も叱らない 90

Contents

8 子どもの注意を引きつけてから叱る 91
9 感情的に叱らない 92
10 絶対に体罰はしない 93
COLUMN 完璧を目指さない方が子どもも親もラク 94

第7章 「いけないこと」を上手に伝える言葉かけ 95

ルールを決める① 相手を傷つける言動を繰り返す場合 96
ルールを決める② 他人を叩いたり、物を壊したりする場合 97
ルールを決める③ 危険なときはとにかく止める 98
ルールを決める④ 許容範囲を決める 99
ルールを決める⑤ 言うことを聞かないときは理由を聞いてみる 100
ルールを決める⑥ 結果と予測を伝える 101
ルールを決める⑦ ときにはペナルティーも必要 102

第8章 子どもの意欲を引き出す言葉かけ 103

愛情をわかりやすく伝える 104
あいづちを打つ 105
笑顔でスキンシップを図る 106
親の気持ちを子どもに伝える 107
安心させる 108
子どもに謝る 109
ほかの子どもと比べない 110
聞き上手になろう 111

第1章

発達障害の子どもと言葉

発達障害とは、言語・コミュニケーション・社会性などの発達に、なんらかの特性や偏りがあることで生じる不適応状態をいいます。まずは発達障害がどのような障害か、基本的な知識を押さえておきましょう。その上で、発達障害の特性のある子どもにとって､「言葉」の持つ意味、言葉かけの大切さを理解しましょう。

発達障害って、どんな障害なの？

発達障害は、生まれつき脳の機能になんらかの不具合があるために起こる不適応な状態をいいます。正しく理解し、適切なサポートをすることが必要です。

生まれつき脳の機能に不具合がある

　最近、発達障害という言葉が広く知られるようになってきました。しかし、それがどのような状態をいうのか、なかなか理解されにくいようです。

　これまで発達障害がなぜ起こるのか、原因やメカニズムがよくわからなかったために、親の育て方や生活環境、本人の性格のせいなど思われていました。当の親も、「自分たちのしつけが悪かったのだろうか」「愛情のかけ方が足りなかったのかもしれない」などと悩み、自らを責めて苦しむ人も少なくありませんでした。

　しかし、今では研究が進み、発達障害は生まれつきの障害で、脳の機能になんらかの不具合があり、成長の過程でさまざまな症状や特性があらわれて、不適応の状態になることがわかっています。また、精神的な症状ではなく、認知（理解や行動）に問題があって、生活や学習面に問題が生じていることが明らかになっています。けっして親の育て方や本人の性格のせいではありません。

　そうしたことから、ある種の特性や傾向があっても、社会にうまく適応し、生活を送る上でとくに支障がないようなら、発達障害があるとはみなされません。

発達障害は一つの「個性」

　発達障害は、生まれながらの脳の障害であることから、治ることもまた治すこともできません。程度の差はあれ、障害による特性は一生続くと考えられます。したがって、症状の治癒や軽減を目指すより、障害を〝個性〟ととらえ、成長の過程に合わせて適切なサポートを行うことが重要です。

発達障害のある子どもは、多少の偏りはあるかもしれませんが、だれもが可能性を秘めています。適切な環境で適切なサポートを受けることによって、その可能性を広げ、能力や長所を伸ばしていくことができます。まずは、家族が発達障害を正しく理解し、子どもにさまざまな働きかけを行うことが、子どもの健やかな成長を促します。

発達障害のおもなタイプ

ASD（自閉症スペクトラム障害）

ASDの基本的な特性として、「コミュニケーションの障害」「社会的なやりとりの障害」「こだわり行動」という三つがあげられます。ASDは、かつては「自閉症」「自閉性障害」「広汎性発達障害」「アスペルガー症候群」など、症状に応じてさまざまな名称が用いられていました。ただ、これらははっきりと区別できるものではないことから、一つの連続体（スペクトラム）ととらえられるようになり、自閉症スペクトラム障害と呼ばれるようになりました。

ADHD（注意欠如・多動性障害）

ADHDには、「不注意」「多動性」「衝動性」といった、おもに行動面における特性が見られます。集中力がない、落ち着きがない、よく考えずに行動する、ものをなくす、忘れ物をする、時間を守れないなど、問題行動は多岐にわたります。

LD（学習障害）

LDは、知能全般は正常であるものの、知的能力が部分的に遅れている状態をいいます。知的能力には「読む」「聞く」「話す」「書く」「計算する」「推論する」などがあり、これらのうち一つ以上に遅れや困難が認められ、学習の習得に時間がかかります。

三つが併存する場合も

ASDとADHD、ADHDとLD、ASDとLDというように、タイプの異なる発達障害の特性が併存するケースもあります。また、突発的で不規則な体の動きや発声を繰り返す「チック障害」などと併存することもあります。

発達障害の特性は二～三歳ごろから見られ始める

発達障害の特性は、基本的に生後すぐにはわかりません。二～三歳くらいになると目につくようになってきますが、あらわれかたには個人差があります。

特性は、生後すぐにはわからない

発達障害があっても、生後すぐはふつうの赤ちゃんとほとんど変わりません。しかし、ところどころに特性があらわれる場合もあります。

たとえば、おなかがすいたときやおむつが濡れているときなど、ふつうは泣いて知らせますが、特性のある赤ちゃんは泣かずに平然としている場合があります。ベッドで一人寝かされていても、ぐずったりしないことも珍しくありません。そのため、親はかえって「泣かない賢い子」「ぐずらなくて手のかからない子」と感じる場合があります。

ただ、特性のあらわれ方には個人差があります。手がかからない子とは逆に、四六時中泣いている、ミルクをきちんと飲まない、寝つきが悪い、寝てもすぐ目を覚ますなど、手を焼く子もいます。

二～三歳ごろから特性が目立つようになる

親が「うちの子、少し変わっているかな？」と感じ始めるのは、二歳を過ぎてからが多いようです。そのきっかけとして、「言葉の遅れ」や「共感を示さない」などがあげられます。

たとえば、子どもの名前を呼んでも反応しない、視線を合わせようとしないという行動はよく見られます。また、「アーウー」といった喃語は出しても、「パパ、ママ」など意味を持つ言葉が出ず、何度教えても話そうとしません。また、おやつがほしいときに、それを言葉で伝える代わりに、親の手をつかんでおやつの入った戸棚に連れていくという行動をとるなど、ほかの子どもとは少し違う行動が目につきます。

　一人でいることを好むのも、よく見られる傾向です。だれかと一緒に遊ぶよりも、一人で遊ぶことを好んだり、一つのものに強い執着を示して、それを手に取るとほかのものがいっさい目に入らなくなるということもあります。ほかにも、好ききらいが激しい、眠らない、いつも体を動かしているなどもあり、親は育てにくさを感じてしまいがちです。

三～四歳になると違いが明らかに

　三～四歳くらいになると、ほかの子どもとの違いがはっきりしてきます。医療機関などを受診して、発達障害と診断されるのも三～四歳ごろからが多くなります。裏を返せば、気になるところがあっても、二歳よりも前に発達障害の診断をするのはむずかしいということです。

　その理由として、発達障害の診断の目安の一つである「言葉の遅れ」は、二歳より前の段階では判断しにくいことがあげられます。言葉の発達は個人差が大きく、定型発達（発達障害のない人）の子どもの中にも、二歳を過ぎてもあまり言葉が出ない子がいたり、逆に二歳ごろまではまったく気になる点がなかったのに、その後発達障害の特性が目立ってくる場合もあります。

　また、ＡＤＨＤの子どもによく見られる、落ち着きがなくじっとしていられない、同じことを何度言っても聞かないなどの特性は、度合いの差こそあれ、多くの子どもに見られるものです。幼稚園や小学校に上がってから表面化することも珍しくありません。

　このように発達障害のあらわれ方は個人差がありますが、気になる特性になるべく早く気づいてあげることが先決です。

本書で取り上げる発達障害のタイプ①

ASDの基本的な特性

ASDには、基本的に「社会的なやりとりの障害」「コミュニケーションの障害」「こだわり行動」という特性がありますが、知的な遅れや言葉の遅れがない場合もあります。

ASDの基本的な特性

ASD（自閉症スペクトラム障害）には、「社会的なやりとりの障害」「コミュニケーションの障害」「こだわり行動」という基本的な特性があります。これらを「三つ組みの特性」といいます。

社会的なやりとりの障害は、場の空気を読むことができない、暗黙のルールを理解できないなど、社会的な場面に沿った行動がとれないことを指します。

コミュニケーションの障害は、言葉を使って相手に何かを伝えるなどのやりとりがむずかしい、身振り手振りなどの非言語的コミュニケーションが理解できないなどの状態をいいます。

こだわり行動は、物事のある一部分に強い関心を寄せたり、決めたルールや手順に沿った行動をとることなどを指します。たとえば、電車本体ではなく電車に書かれた文字に興味を示す、お昼の時報と同時に昼食を食べ始める、おもちゃを自分の好きな順番に並べるなど、独特のこだわりや執着を見せます。これらは不安や緊張と関連した行動と考えられています。

ASDの基本的な三つの特性

1 人との関わりが苦手
(社会的なやりとりの障害)

- 人と目を合わせない
- 名前を呼ばれても反応しない
- 相手や状況に合わせた行動をとるのが苦手
- 自己主張が強く一方的な行動が目立つ

2 コミュニケーションがうまく取れない
(コミュニケーションの障害)

- 言葉の遅れ
- 言われた言葉をそのまま繰り返す(オウム返し)
- 相手の表情から気持ちを読み取れない
- たとえ話を理解することが苦手

3 こだわりがある・想像力が乏しい
(こだわり行動)

- 言われたことを表面的に受け取りやすい
- 「ままごと遊び」をあまりしない
- 決まった順序や道順にこだわる
- 急に予定が変わるとパニックを起こす

本書で取り上げる発達障害のタイプ②

ADHDの基本的な特性

ADHDには、「不注意」「多動性」「衝動性」という三つの基本的な特性があります。また、LDやASDなどほかの発達障害が併存していることもあります。

ADHDの基本的な特性

ADHD（注意欠如／多動性障害）は、英語で「attention《注意》-deficit《欠如》 hyperactivity《多動性》 disorder《障害》」といい、「不注意」「落ち着きがない（多動性）」「よく考えずに行動する（衝動性）」という三つの特性があります。アメリカ精神医学会による診断基準（DSM）では、「知能発達に大きな遅れはなく、環境によるものが原因ではないにもかかわらず、多動、衝動性があり、注意が集中できない状態」と定義されています。

また、ADHDには三つの特性のほかに、別の発達障害を併存している場合が少なくありません。たとえば、LD（学習障害）のある子どものおよそ六割、不安障害や気分障害のある子どもの二～七割がADHDと併存しているというデータもあります。

以前はさまざまな診断名がつけられていた

ADHDの特性は四歳より前に、遅くとも七歳までにはあらわれてくることが多いようです。ただし中には、一二歳ごろに気づかれるケースもあります。一方、多動があまり目立たず、注意や集中ができないことをおもに訴える「注意欠如障害（ADD）」の子どもは、問題行動がそれほど目立ちません。そのため青年期まで、もしくは青年期以降もきちんとした診断がされないこともあります。

このADHDという診断名が用いられるまでには、ずいぶんと変遷がありました。一九四〇年ごろは、軽い脳炎後や頭部外傷を受けた子どもたちが、あとになって極端によく動き、過度に不注意で、衝動的にな

ることがあったことから、脳になんらかの小さな損傷ができたために起こる症状と考えられ、「微細脳損傷症候群」と呼ばれていました。また、一過性の脳の機能不全だとして「微細脳機能不全」と呼ばれたり、症状そのものをあらわす診断名として「小児期多動反応」や「過活動自動症候群」といわれることもありました。

しかしその後、アメリカ精神医学会が精神疾患や精神障害を診断するための基準としてまとめた「DSM」が、国際的な診断マニュアルとして使われるようになり、「多動が中心の症状ではなく、注意を集中あるいは持続することが困難（不注意）なために、多動、衝動的になる」と考えられるようになって、ADHDが診断名として用いられるようになりました。

ADHDの基本的な三つの特性

不注意

- 集中力がない（または続かない）
- モノをよくなくす
- 細かいことに気がつかない
- 忘れ物が多い
- 特定のことに注意を留めておくことが困難で、課題に取り組んでもすぐに飽きてしまう

多動性

- じっとしていられない
- 授業中も席を立ってウロウロする
- 静かに遊んだり、読書をしたりすることが苦手
- 手や足をいつもいじっている
- 授業中でも物音をたてたりする

衝動性

- 順番を待てない
- 列に割り込む
- 先生からあてられる前に答える
- ほかの児童に干渉する

ASDの子どもにとって「言葉」とは

「コミュニケーションの障害」という特性のあるASDの子どもは、言葉を〝文字通り〟に受け取ってしまう傾向があります。

言葉に偏りがあり、相手の表情を読むのも苦手

コミュニケーションは、互いの考えや気持ちを、言葉、表情、しぐさなどを通じて伝える行為です。一方が伝え、もう一方が理解する、この両方がスムーズに行われることで、コミュニケーションは成立します。ところが、ASDの子どもの場合、特性のためにこれらがなかなかスムーズにいきません。

その要因の一つに、言葉の遅れがあげられます。なかなか言葉が出てこない子どもの場合、言葉を使って相手に何かを伝えるといったやりとりはうまくいきません。一方、言葉に遅れがない子どももいます。一見流ちょうに話し、むずかしい言葉や四字熟語、英単語などがすらすらと口から出てくることもあります。ところが、いくらむずかしい言葉を使っても、その意味を表面的にしか理解していないことが多く、ちぐはぐな会話になってしまいがちです。

また、表情から相手の感情を読み取ることが苦手なので、相手が喜んでいるのか、怒っているのか、困っているのかがわかりません。感情表現はコミュニケーションの大事な要素ですが、表情や様子、身振り手振りなどを理解することがむずかしいため、つい相手の気持ちを無視したような言動や態度をとってしまう場合があります。

言葉を「文字通り」に理解しがち

このほかの傾向として、言葉の裏にある意味が読めないことがありま

す。たとえば、だれかと顔を合わせたら、とくに用事はなくても、あいさつや軽い冗談くらい言うものです。ところが、ＡＳＤの子どもは、「元気？」と声をかけられても「何が？」と反応したり、「空気が読めないな〜」と言われても「空気が読めるわけない」と反論したりします。言葉の裏の意味、冗談や慣用句、比喩や皮肉などを理解することが苦手なのです。

　こうした傾向の裏を返すと、言葉を〝文字通り〟に理解するということです。表情やしぐさ、言外の意味を理解することがむずかしいＡＳＤの子どもにとって、言葉そのものの意味がすべてです。仮に、「今日は学校からまっすぐ帰ってきて」と言ったとしたら、道路を曲がらずに帰るという意味にとらえてしまったりするのです。

　ＡＳＤの子どもにさまざまな言葉かけをし、円滑なコミュニケーションができるように導いていくには、そうした特性をふまえて、具体的かつ正確な言葉を使うことがポイントです。子どもが言葉を間違えてとらえたり、会話が成り立たなくなってしまったときは、ていねいに意味を教えてあげましょう。子どもが納得していない様子なら、きちんと理由を説明してあげることも大切です。

ASDの子どもの「言葉」の特徴

- ◆言葉の発達の遅れ
- ◆言葉の遅れがなく、むしろ早い
- ◆言われた言葉の意味をそのまま理解する
- ◆むずかしい言葉、四字熟語、英語表現などを使うが、意味を表面的にしか理解していない
- ◆年齢の割に大人びた話し方をする
- ◆音程や抑揚、リズムに偏りがある
- ◆話し方が単調
- ◆相手の表情やしぐさ、身振り手振りの示す意味を理解できない
- ◆冗談、慣用句、決まり文句、敬語、比喩、皮肉などを理解することがむずかしい
- ◆代名詞（「あれ」「これ」「それ」など）を理解することがむずかしい

ADHDの子どもにとって「言葉」とは

ADHDの特性に、とくに言葉に関する障害は掲げられていません。しかし、不注意や衝動性などの特性から、コミュニケーションがうまくいかないことが少なくありません。

一方的なコミュニケーションで〝自己チュー〟と思われやすい

ＡＤＨＤには、「不注意」「多動性」「衝動性」という三つの基本的特性があることは前述しました。これらはおもに〝困った行動〟となってあらわれます。

ＡＤＨＤの子どもは言葉そのものに問題があるケースは少なく、言葉に興味が向かうと、驚くほどの語彙力を発揮する子もなかにはいます。

反面、特性のためにさまざまなコミュニケーションのシーンで誤解が生じたり、トラブルを招いたりすることがあります。

よくある例として、相手の話を最後まで聞かないという行動があげられます。相手の話が長いと、最初の方だけ聞いて、後の方はうわの空だったり、ところどころ興味のある言葉だけを聞いて、ほかのことは忘れてしまったりすることがあります。そうなると、重要な内容を聞き漏らしてしまうかもしれません。相手からも、きちんと話を聞いてもらえなかったという不信感を抱かれてしまうかもしれません。

また、自分が話したいことがあると、人の話の間に割って入って話し始めたり、おしゃべりが止まらなくなることもあります。これは不注意や衝動性からくる行動と思われますが、相手からすれば〝自己チュー〟な態度と映り、良好な人間関係を築きにくい要因となりがちです。

論理的に説明しながら復習させる

ＡＤＨＤの子どもは、さまざまな問題行動をとるため、どうしても注意する機会が多くなります。しかし、親が何度同じことで注意しても、また同じ失敗を繰り返しがちです。その要因に、「ワーキングメモリー」が関わっていると考えられます。

ワーキングメモリーとは、物事を成し遂げようとする際、必要な前提や途中経過の情報を一時的に記憶しておく脳の働きのことです。ＡＤＨＤの子どもは、このワーキングメモリーが少ない傾向にあるため、言われたことや過去の経験を参照にしながら考えることが苦手です。その場の情報だけで行動することが多くなり、何度も同じ失敗をしてしまいます。

そんなＡＤＨＤの子どもに対する言葉かけで重要なのは、決して子どもを責めないこと、そして論理的に説明することです。ワーキングメモリーが少なくても、意味のあること、必要なことは記憶することができます。つまり、いかに意味のあること、必要なこととして子どもに伝えるかが重要なのです。

それには、「どうしてできないの？」「何度言えばわかるの！」など感情に任せた言葉ではなく、「○○だから失敗したんだよね」と論理的に説明し、子どもに復習させることがポイントです。

そして少しでも改善したら、必ずほめてあげるようにします。うまくできればほめられるというメリットを感じると、記憶として強く刻まれ、子どもの意欲が高まって、同じ失敗をしなくなっていきます。

そもそも落ち着きがなく、そそっかしいところのあるＡＤＨＤの子どもに、論理的に説明することは、決して簡単ではありませんが、端的でわかりやすい言葉で、根気よく伝えていくことが大切です。

ADHDの子どもの「言葉」の特徴

- ◆自分の話したいことを一方的に話す
- ◆状況に関係なく、思いついたことを今話したい
- ◆ほかの子の話に割って入って、自分の話したいことを話し始める
- ◆人の話を最後まで聞いていないことが多い
- ◆人の話は自分の興味のあるところだけを聞いている
- ◆興味のない話は耳に入っていないことがある
- ◆人の話を自分に都合よく解釈する
- ◆最初のところだけを聞いてわかったような気になる
- ◆うわさ話や内緒話をだまっていられない
- ◆おしゃべりが止まらない

子どもの心身の発達を促す、言葉かけの重要性

発達障害の子どもとのコミュニケーションは、なかなかスムーズにはいかないかもしれません。それでも日々のたゆみない言葉かけが、子どもの心身の発達を促します。

言葉かけがないと、子どもの心身に悪影響を及ぼす

私たちは、子どもに対して日々さまざまな言葉をかけています。何気なく言った言葉が、ときには相手を傷つけたり、悲しい思いをさせたりすることがありますが、それをつねに意識している人は多くはないでしょう。しかし、言葉かけは重要な意味を持っています。

少しむずかしいかもしれませんが、小児期の逆境的体験というものがあります。これはおもに一八歳ごろまでに経験した苦労の多い不運な境遇、子どもの発達にとってマイナスの影響を及ぼすストレスや境遇などを意味します。

人は一生のうちにさまざまな体験をしますが、その中には人生の糧になるような体験もあれば、後々まで苦痛な思い出やトラウマとして残っ

てしまう体験もあります。それらの中で、子どもの発達や行動、精神面に大きな影響を与える要因として着目されているのが逆境的体験で、その頻度や期間が長いほど、大人になってから身体面や精神面に影響を及ぼすとされています。

ここでとくに注目したいのが「心理的虐待」と「心理的ネグレクト」です。たとえば、子どもを罵倒したり軽蔑したり冷やかすような言葉かけ、度を越えた叱責や理不尽なしつけは、子どもを虐待していることになります。また、子どもがほめてほしい、なぐさめてほしい、安心できる言葉をかけてほしいと求めているときに、それに応じず無視することはネグレクト（無視・育児放棄）に当たり、いずれも将来的に子どもの精神面や発達面に悪影響を与えるとされています。

ここまでひどい状況でなくても、日々繰り返されるちょっとした言葉かけが子どもに与える影響は決して小さなものではありません。

子どもの二次障害を防ぐ、言葉かけ

発達障害の有無に関わらず、心理的虐待や心理的ネグレクトはあります。ただ、発達障害のある子どもの場合、特性のためにできないことや苦手なことがあり、定型発達の子どもと比べて親から叱られたり、ダメ出しをされたり、ときには「もう知らない！」「勝手にしなさい！」と無視されたりする機会が多くなりがちです。

そのため、心の発達にマイナスの影響を及ぼし、思春期を過ぎて自我が芽生え始めると、自尊心や自己肯定感が低下して自信を失い、不登校やひきこもり、うつ病などの二次障害を引き起こすリスクが高くなります。また、非行に向かう子どもも多い傾向にあります。こうした子どもたちは、親から発達障害の特性に早くから気づいてもらい、適切な言葉かけをされていれば、二次障害を引き起こさずにすんだかもしれないのです。

発達障害のある子どもは、自分ではどうにもできない部分、がんばってもうまくならない部分があります。子どもの健やかな成長と将来の自立を考えれば、日々の言葉かけの果たす役割はとてつもなく大きいと言えるでしょう。

COLUMN

ABA（応用行動分析）で良い行動を伸ばす

ABA（応用行動分析）という言葉を耳にしたことがあるでしょうか。

ABAは、アメリカの心理学者で行動分析学の創始者とされるスキナー博士などが提唱したもので、「人間の行動は学習によって獲得されたものであり、問題のある行動は間違った学習の結果として起こる」という行動主義の考えから生まれた理論です。

このABAの考え方を、ASDをはじめとする発達障害の子どもの療育に取り入れて、問題のある行動を減らしていくとともに、良い行動を伸ばし、維持し、常態化していこうという取り組みが始まっており、ある程度の効果があることがわかっています。

ABAを活用した療育がどのようなものかというと、

- **親が子どもに「指示」を出す**
- **子どもは親の指示通りに行動する**（またはしない）
- **行動に応じた結果を子どもに与える**（ごほうび、もしくは罰）

以上のプロセスを繰り返します。それを通じて良い（望ましい）行動を増やし、問題のある（望ましくない）行動を減らしていきます。

とはいえ、ABAを活用した療育が特性のある子どもすべてに効果があるわけではありません。ときには子どもにとって大きなストレスを与えてしまう場合もあります。そこで興味がある場合は、医師やABAが受けられる専門機関に相談してみるといいでしょう。

特性のある子どもの療育には、ABA以外にもさまざまな考え方がありますが、いずれも親子の信頼関係の下、子どもの立場に立って行うことが前提となります。

第2章

発達障害のある子どもへの言葉かけ、八つの基本

発達障害の特性のある子どもは、ほかの子どもが難なくこなせることもなかなかできません。そのため周囲に誤解されたり、理解してもらえずに劣等感を抱いたり、自己肯定感が低いことが少なくありません。そんな子どもに自信を持たせ、成長をサポートする言葉かけの基本を押さえておきましょう。

基本① まず親と子がいい関係を築く

お父さんやお母さんのかけた言葉が子どもの心に響くかどうかは、親子の間に信頼関係が築かれているかどうかによって変わってきます。

信頼関係がないと言葉は届かない

臨床心理学において、臨床心理士やセラピストと対象者が互いに信頼し合い、打ち解けた状態を築くことを「ラポール形成」と呼びます。「ラポール」とはフランス語で「架け橋」を意味します。

親が言葉かけを通じて子どもの成長をサポートする上で、親子の間にこのラポール形成ができていることが望ましいといえるでしょう。親は子どもを愛しいと思っていると同時に、子どもも親のことが大好きで、一緒にいると安心できる状態にあれば、子どもの自己肯定感は高まり、健やかに成長することができます。

ところが、発達障害の特性のある子どもの場合、親のさまざまな働きかけに対して反応が薄かったり、しばしば問題行動をとったりします。そのため親は子どもとの接し方がわからず、無条件に愛情を注ぐことがむずかしいこともあるでしょう。

また、どうしても親は子どもの行動に振り回されがちになり、つい口うるさく指示をしたり、叱ったりするケースが多くなります。日々そうしたことが繰り返されるうちに、子どもはますます呼びかけに反応しなくなったり、逆に反抗的な態度をとるようになる場合もあります。こうなると親子で一緒にいてもうれしさや楽しさを感じることができず、親が子どもにいくら言葉をかけても、その意図が伝わらなくなってしまうおそれがあります。

スキンシップや遊びは親子関係の潤滑油

このような場合は、まずスキンシップを図ってみましょう。子どもをひざの上に座らせながら本を読んであげたり、何かうまくできたら頭をなでたり、ときにはギュッとハグしてあげるなど、意識的に子どもと触れ合う機会をつくります。ＡＳＤの特性による感覚過敏性で、体を触られることが苦手な子どもには、笑顔で万歳のポーズをとったり、ピースサインを送ったりするなど工夫してみるといいでしょう。

　親子で一緒に遊ぶことも有効です。子どもの年齢や特性に合わせて、遊びに誘ってみましょう。たとえば、ＡＳＤの子どもを相手に「目合わせ遊び」をすると、自然に人と目を合わせる練習になります。また、何かを指差しながら「これ、なーんだ?」と子どもにたずねる「指さし遊び」は、楽しく遊びながら学習の基本である〝まね〟をする力を養うことにつながります。ほかにも、親子で一緒に歌を歌ったり、何かを叩いて音を出したりするのもいいでしょう。音とリズムに合わせて声を出したり、手を動かしたりすることは、まねをする力を高めたり、言葉の発達を促す効果も期待できます。

　このようにスキンシップや遊びなどを通じて、親子が楽しみながらコミュニケーションを深めていけば、自然といい関係が築かれていきます。

プラス1 POINT

親が率先して楽しもう

スキンシップを図ったり、一緒に遊ぼうと誘っても、子どもの反応が鈍い場合があります。こんなときは、親が率先して楽しもうとすることが大切です。最初は興味を示さなかった子どもも、親の様子を見て興味を持つようになることが多いものです。

基本②

とにかくほめる

だれでもほめられればうれしいものです。とくに子どもは、ほめられることで伸びていきます。どんなにささいなことでも、ほめてあげることが大切です。

ほめることで子どもは落ち着いてくる

特性のある子どもは一生懸命やっていても、ほかの子どもと同じようにできないことがたくさんあります。そこでそれまでできなかったことができるようになったときや、何か課題をクリアできたようなときは、それがどんなにささいなことであってもほめてあげましょう。

ほめられるとその行動が強化され、良い行動として定着し、繰り返しできるようになっていきます。また、ほめられることは認められたことを意味するので、子どもはほめられることを通じて自己肯定感を高めていくことができます。

自己肯定感とは、「自分は生きている価値がある」「自分は必要とされている」などと、自分を肯定する気持ちを言います。特性のある子どもは、さまざまなことがうまくできないために、自己肯定感が低いケースが多いものです。親や周囲からほめられることによって自己肯定感が高まってくると、物事に対する意欲がわいて、できることが徐々に増えていき、問題行動も減って落ち着いてきます。

なかなかできるようにならない場合でも、「えらいよ」「がんばっているね」「その調子」などと、子どもの取り組んでいる姿勢をほめてあげましょう。そうした言葉や、だれかに見てもらっているという安心感が励みとなり、課題達成につながりやすくなります。

ほめることは子どもの成長を促す

ほめてばかりいると、「子どもを

甘やかすことになるのでは……？」と考える人もいるかもしれません。しかし、ほめると甘やかすは違います。

甘やかすとは、子どものわがままを許してしまうことです。特性があるからといって、「何でも良し」にしていては、将来に向けて自立が危ぶまれます。

一方ほめるとは、どんなにささいなことでも子どもが一つの壁を乗り越えたことを認めることです。それによって子どものできることが一つひとつ増えていき、自立へと向かっていきます。

普通の子どもならなんなくできることでも、特性にある子どもには大きなハードルだということを理解しましょう。子どもはできないことを叱られるより、できたことをほめてもらうことで伸びていきます。

プラス1 POINT

お父さんにほめてもらうと自信がつく

子どもと接する時間が長いお母さんの言葉には耳を貸さない子どもでも、お父さんの言葉は素直に聞く場合があります。お母さんとはまた違う形で、お父さんが「ここぞ」というときにほめてあげると、子どもの自信につながりやすくなります。

基本③

否定的な言葉は極力避ける

特性のある子どもに対して、「ダメ！」のような否定的な言葉で叱ってしまうと、親が思う以上に子どもを傷つけてしまうおそれがあります。

否定的な言葉より、やるべきことを具体的に指示する

子どもに対して「○○してはダメ！」「□□するのはやめなさい！」と注意したり叱ったりすることは少なくないでしょう。しかし、「ダメ！」「やめなさい！」などの否定的な言葉を使うのはできるだけ避けましょう。

特性のある子どもは、「ダメ！」「やめなさい！」と言われても、そのあと自分は何をすればいいのかがわからず、とまどってしまいます。

もし、子どもがやってはいけないことをしたときは、否定的な言葉の代わりに「何をすればいいのか」を具体的に伝えるように心がけましょう。こんなときはどうしたらいいのか、やるべきこと、するとよいことを言葉で明確に指示するのがポイントです。

たとえば、服を脱ぎっぱなしにしていたら「服は脱衣カゴに入れようね」、忘れ物をしたときには「前の日に持ち物をそろえよう」というような言い方にすると、子どもは自分がどうすればいいのかがわかり、スムーズに行動できるようになります。

できないことにはサポートを

特性のある子どもは、得意なことと苦手なことがはっきり分かれているケースが少なくありません。苦手なことに対しては、具体的に指示をしてもなかなかうまくできない場合があります。

そんなとき、親はイライラしてしまうかもしれません。「何度言ったらわかるの？」「どうしてできないの？」と、つい声を荒げてしまうこともあるかもしれません。しかし、苦手なことは何度やってもうまくはできないのです。こうした言われ方をたびたびされると、自分自身がダメ出しをされたと感じて、「自分はダメな子なんだ」と思ってしまうおそれがあります。

子どもがなかなか達成できない課題があるときは、親が手助けをすることも必要です。たとえば、親がやり方のお手本を見せてあげる、小さなヒントを与える、指さしや言葉でフォローするなどです。

親がさりげなくサポートすることで、子どもがうまくできるようになったときは、すかさずほめてあげましょう。

プラス1 POINT

否定的な言葉を具体的な指示に変換

特性のある子どもの中には、強い否定の言葉を使うとパニックを起こしてしまう場合があります。何をどうすればいいのかを具体的に指示できるように、日ごろから言葉を変換するクセをつけておくと、とっさのときに口から出やすくなります。

基本④ わかりやすい言葉を使う

特性のある子どもは、自分が今どんなことを言われたのかが理解できないことがあります。わかりやすい言葉で、具体的に指示することが基本です。

長い言葉は理解しにくい

特性のある子どもは、言葉の発達に遅れや偏りがあり、言葉で説明されても理解できない場合があります。

ＡＳＤの特性のある子どもは、一般的に長い文章を理解することが苦手です。たとえば、「歯を磨いて、トイレをすませてから、布団に入ろうね」のように、具体的かつ順序通りに指示を出したのに、歯も磨かず、トイレもすまさずに、布団に入ってしまうことがあります。

これは指示を無視したのでも、反抗的な態度をとったわけでもありません。文章が長く、情報量も多かったために、布団に入るというところしか理解できなかったのです。

ＡＤＨＤの特性のある子どもの場合、注意力が乏しいために、長い説明を最後まで聞くことができないことがあります。そのため、歯だけは磨いたものの、ほかの指示は忘れてしまうことがあります。また、気分にムラがあり、面倒だからと歯磨きをせず、トイレをすませて布団に入ってしまうこともあります。

いずれにせよ、悪気があってそうしているわけではないので、指示の出し方を工夫してみることが大切です。

指示は短く、わかりやすく

子どもに指示をするときは、できるだけ短く、わかりやすい言葉を使うことがポイントです。

たとえば、前述の「歯を磨いて、トイレをすませてから、布団に入ろうね」と言うときは、「まず歯を磨こう」と一つだけ指示を出しましょう。歯を磨き終わったら、「トイレもすませておいで」と指示します。トイレから出てきたら、「布団に入ろうね」と伝えれば、スムーズに行動できるようになります。

子どもが戸惑う言葉は使わない

ＡＳＤの子どもは、慣用的表現、比喩、暗示、反語、皮肉、遠回しな言い方などを理解するのがむずかしい場合があります。

たとえば、「お母さんは目が回るほど忙しいから手伝って」と伝えると、子どもはお母さんの目が回っているのかと思って、顔をのぞき込んだりします。お母さんが愛情を込めたつもりで、子どもに「おバカさんね」と言ったりすると、子どもは「自分はバカなんだ」とショックを受けたりします。言葉を額面通りに解釈してしまうのです。

また、「早くしなさい」「ちょっとこっちに来て」「またあとでね」といった抽象的な言葉も理解しにくいといえます。

このように子どもが戸惑うような言葉は、かえって誤解を生むおそれがあるので避けましょう。「何を言っているのか」がはっきりとわかる、直接的な言葉を使うことが大切です。

プラス1 POINT

回数や時間を入れると理解しやすい

特性のある子どもは「あいまい」で「おおざっぱ」な表現を使うと混乱することがあります。そこで「テレビは六時まで」「手は十回ゴシゴシしよう」というように、具体的な数字を使って指示をすると理解しやすくなります。

基本⑤

叱る回数を減らす

親からすると、つい子どもの失敗や欠点ばかりに目がいってしまい、何度も叱ったり注意したりしてしまいがち。その回数を減らすだけでも、子どもの心は安定してきます。

叱る回数を減らすと心の持ちようが変わる

「ダメよ！」のような否定的な強い言葉は、できるだけ使わない方がいいことは前述しました。そうした言葉を使っていなくても、叱る回数が知らず知らずのうちに多くなってはいませんか。

とくにＡＤＨＤの子どもは、「不注意」「多動性」「衝動性」という三つの特性があり、物をなくしたり、約束事が守れなかったり、何かに集中して取り組んだりすることがなかなかできません。そのため失敗も多く、その都度叱ることになりがちです。

それで行動が改善されればいいのですが、特性のために言われたことを忘れて、同じ失敗を何度も繰り返してしまう傾向があります。

親からすれば、子どもが「何度注意しても言うことを聞かない」と映り、ついイライラして徐々に叱る口調がきつくなったり、大声を出したりしがちになります。

子どもは、親が自分に対して怒っていることはわかっています。頭ではやってはいけないことを理解していますが、不注意や衝動性の特性ゆえに、また同じことをしてしまうのです。そして「また叱られるかもしれない」と感じている場合も多いのです。まずはそれをわかってあげてください。

そして叱る回数を極力減らしましょう。そうすることで子どもはビクビクしなくてもすみ、心の持ちようも変わってきます。

子どもの関心を引きつけてから注意する

ＡＤＨＤの子どもは、何かに集中しているときは、周囲の声が聞こえていない場合があります。何度も同じことで注意しているのに改善が見られない場合、その言葉が子どもに届いていないのかもしれません。このようなときは子どもの近くに行って関心を引き、目が合ってから注意するように心がけると伝わりやすくなります。

また、感情的になって大声を張り上げたり、頭ごなしに注意をするのはやめましょう。かえって劣等感を抱かせ、反抗的な態度に出るおそれがあります。「何でゲームばかりやっているの！　すぐにやめなさい」と言うより、「六時になったからゲームはおしまいにしよう」と明確に指示をする方が、子どもの行動を変えるのに効果的です。

プラス１ POINT

うまくできないことは叱らない

たとえ簡単なことであっても、特性によっては努力だけで改善できないこともあります。その見極めを誤ると、同じことで何度も叱ることになりかねません。特性のために「努力してもできないことはある」ことを心に留めておきましょう。

基本⑥

絶対に体罰は与えない

言葉で言っても改善しないからと、つい子どもを叩いてしまう人がいます。しかし、体罰で特性が治ることも、子どもが成長することもありません。

体罰は、百害あって一利なし

子どもが思うように育ってくれないと、裏切られたような気持ちになり、子育てに自信をなくしそうになることは、どんな子どもの親でも経験のあることです。ましてや特性のある子どもを育てている親なら、なおさらです。子どもの存在自体が腹立たしくなって、思わず手が出てしまうこともあるかもしれません。

しかし、体罰で子どもの行動が改善したり、成長したりすることは絶対にありません。体罰は、一時的に効果があるように見えても、長い目で見ると効果的とはいえません。

むしろ体罰をすることで、親子の絆、大人に対する信頼、伸び伸びとした心、人を好きになる気持ちなど、子どもが本来持っている大切なものを壊してしまいます。

また、体罰をした親の方も、後悔や罪悪感にさいなまれる可能性があります。何度言葉で伝えても改善が見られないために、ついカッとなって手を出してしまった自分を「ダメな親」だと責め、子育てに自信を失ってしまうおそれもあります。

子どもにとっても親にとっても、体罰は百害あって一利もないのです。

二次障害を引き起こすおそれも

子どもが小さいうちは、親が体罰をすることによって、状況が改善されたように感じることがあるかもしれません。

しかし、心の中には体罰をした親

に対する怒りや憎しみの感情が芽生える可能性があります。叩かれて育った子どもは、学校でほかの子どもに暴力をふるってストレスを発散したり、あるいは自分に従わせるための方法として暴力を使う場合もあります。

逆に、親から体罰で抑えつけられていることで、つねにビクビクおびえたり、何ごとに対しても消極的になってしまう場合もあります。それが将来の自立への意欲や希望をなくす要因となることも考えられます。

さらに、体罰への恐怖心を抱きながら成長すると、思春期以降に不登校やひきこもり、うつ状態などの二次障害を引き起こすリスクが高くなります。また、子どものころに受けた体罰がトラウマとなり、大人になってもその感情を引きずってしまう人も少なくありません。

体罰は、子どもにも親にも大きな傷を残すことになります。

プラス1 POINT

言葉も十分暴力になる

「バカ！」「お母さんの子じゃない」「どこかに行ってしまえ」など、たとえ手を上げてはいなくても、子どもに心ない言葉を日常的に浴びせることも、体罰と同様にマイナスの影響を生みます。感情にまかせて暴言を吐くのもNGです。

基本⑦

予定表をつくって声かけ確認する

特性のある子どもは、次にやることがわからないと不安になります。一日の予定表をつくり、折に触れて声かけをすると、さまざまな行動が定着しやすくなります。

予定表で次にやることを確認させる

特性のある子どもは、次に何をしたらいいのかわからないと、不安を感じてしまいます。そこでおもな日常生活動作の流れをまとめた、一日の予定表をつくってみましょう。

特性によっては、子どもは言葉よりも視覚情報の方が理解しやすいこともあります。「朝七時－歯磨き」「七時二〇分－朝ごはん」といった要領で、目で見てすぐにわかるようにシンプルにまとめるのがポイントです。

出来上がった予定表は、子どもの目のつく場所に貼っておき、予定表を指差しながら、「朝起きたら歯を磨こう」「テレビは夕方六時までだよ」などと次にやることを確認しながら、声かけをしてあげましょう。

ときには、「朝ごはんを食べたら、次は何をするんだっけ?」などと質問をしてみるのもいい方法です。正しい予定を答えられたら、「その通り」「よく覚えたね」などとほめてあげましょう。予定が答えられなくても、「次は、着替えだよ」と根気よく指示をしてあげてください。

予定表は子どもの特性や理解度に合わせる

予定表は、子どもの特性に合わせて立てることが大切です。たとえば、イラストにすると理解しやすいタイプの子どもなら、時間を時計で表し、予定もできるだけイラスト化してみましょう。それにより、時間の概念が身につきやすくなります。

予定表に沿った行動がとれるようになってきたら、少しずつ予定を増やしていきます。ただし、あまり細かくスケジュールを詰め込んでしまうと、それに合わせた行動がとれなくなったときに混乱してしまうおそれがあります。あくまでも子どもの特性と理解度に合わせて、あまり欲張らずに予定を立てていくことがポイントです。ほぼ予定通りに行動できたら、言葉でほめてあげるだけでなく、「できましたシール」をノートに貼ってあげるなどの方法もやる気につながります。

また、子どもの予定だけでなく、家族の予定表もつくっておくと、お父さんとお母さんの行動がわかって子どもが安心する場合があります。

プラス1 POINT

課題（目標）も設定しよう

予定表を立てるとともに、課題（目標）も設定してみましょう。「今週」あるいは「今月」の課題を設け、それに沿ってどう子どもと関わるかをつねに意識しておくと、親としてやるべきことが明確になり、的確な言葉かけにもつながります。

基本⑧

一日を成功体験で終わらせる

叱られた記憶で一日が終わると、子どもはやる気を失ってしまいます。逆に、ほめられた記憶で一日が終われば、明日への意欲がわいてきます。

最後は必ずほめていい記憶を残してあげよう

一日の中にはさまざまなことが起こります。いいこともあれば、いやなこと、悪いことも起こります。もし、寝る前に悪い出来事を思い浮かべたら、だれでもどんよりした気分になり、翌日の朝もなかなか調子が出ないのではないでしょうか。

特性のある子どもの場合、うまくできないことや苦手なことがたくさんあります。何度繰り返しても、なかなか上手にならないこともあります。そこで親は子どもにはっぱをかけながらやらせたりしますが、結局うまくできなかった場合、「何回やってもダメねぇ。今日はもうやめましょう」などと失敗したまま強制終了してしまうことがあります。

これは子どもにとってとても悲しいことです。親から叱られたあげく、うまくできなかった記憶だけが残り、次の日にまた同じことをやらせようとしても、「また叱られるのでは?」と思ってやる気が起きなくなってしまうおそれがあります。

たとえ、子どもができたことに対してほめてあげても、最後に叱られたり、あきれられたりすると、ネガティブな記憶の方が強く残ってしまい、ほめられたというポジティブな記憶を打ち消してしまう可能性があります。

そこで一日の最後は必ずほめて、子どもにいい記憶が残るようにすることが大切です。結局うまくできなくても、「最後までがんばったね」「途中まではできたね」などと評価してあげましょう。

スモールステップで取り組もう

子どもがなかなかうまくできるようにならず、何度も失敗してしまうのは、教える側のやり方に問題がある場合も多いものです。子どもを責める前に、教え方や言葉のかけ方に問題がないかどうかを一度振り返ってみましょう。

特性のある子どもが目標を達成さ

せるには、そこにいたるまでの課題を細かく分けて取り組む（スモールステップ）ことが重要です。課題を、子どもの状況に合わせて細かいステップに分け、目指すレベルを小刻みに上げていくのです。すると課題をクリアしやすくなり、ほめてあげる機会も増えます。

親はどうしても子どもに期待をかけ、叱咤激励してしまいがちです。そして、完全にできるようになるまで目標達成とは認めず、達成するまでほめてあげない場合も少なくありません。これでは目標達成する前にやる気を失ってしまう可能性があります。

子どものペースに合わせて、小さなことを一つひとつできるようにサポートし、最後は「できたね」とほめてあげて一日が終わる。子どもにそんな成功体験をたくさん味わわせてあげてください。

プラス1POINT

寝る前に楽しい記憶を

一日を振り返って、特別にできるようになったことはないという日もあるでしょう。そんなときは、子どもと一緒に見たテレビアニメの「このシーンがおもしろかったね」「笑っちゃったね」など、楽しい記憶を残してあげるのも一つの方法です。

COLUMN

特性のある子どもは「アンコンシャスバイアス」の影響を受けやすい

「アンコンシャスバイアス」という言葉をご存知ですか。日本では「無意識の偏見」と訳され、自分では気づいていない偏ったものの見方やとらえ方のことをいいます。世界的企業のグーグルが社員の多様性を生かすため、「アンコンシャスバイアス」という概念を取り入れた研修を行ったことで一躍有名になり、日本でも取り上げられるようになりました。

アンコンシャスバイアスはだれにでもあって、それが悪いというわけではありません。しかし、自分が偏ったものの見方やとらえ方をしていることに気づかずにいると、無意識に発した言葉が相手を傷つけたり、誤解を生んだりすることがあります。

たとえば、お母さんが子どもに注意をする際、息子に対して「男の子はこれくらい元気な方がいいかも」「ちょっとくらい、まあいいか」と無意識にジャッジが甘くなる場合があります。一方、娘が同じことをすると「女の子はこんなことをしちゃダメ」などときつい言い方をしてしまうことがあります。

お父さんも同様に、息子に対して「男はかくあるべき」と要求が高くなったり、自分が子どものころに父親から厳しくしつけられたように子どもにも厳しく接したりすることがあるのではないでしょうか。こうした考え方はアンコンシャスバイアスがかかっているといえるでしょう。

発達障害の中でもＡＳＤは一般的に、こだわりが強い、〇か一〇〇かで物事を考えやすい、一部にとらわれて全体が見えにくいなどの特性があります。そのためにアンコンシャスバイアスの影響を受けやすく、親の言葉をうのみにして、自分をネガティブにとらえたり、自信を失ってしまうおそれがあるので注意が必要です。

第3章

気になる行動を減らす言葉かけ

発達障害の子どもは、こだわりが強い、突然パニックを起こす、集中力がない、ルールが守れないなどの特性から、しばしば“気になる”行動をとります。そんなときは子どもに適切な言葉かけをして、やりがちな言動や行動を徐々に変えていきましょう。

ASD

人に対して関心や愛着を示さない

ASDの子どもは、「社会的なやりとりの障害」という特性のために、人に対する関心や愛着がわきにくい場合があります。

人の心や行動の意味を理解することが苦手

ASDの子どもは、特性のために人と関わることがあまり得意ではありません。関わる相手が両親であれ、きょうだいであれ、友だちであれ、関心や愛着を示さないことも珍しくありません。そのため、友だちと一緒に遊ぶより、一人遊びを好む場合が多いようです。

また、人の考えや行動の意味を推測したり理解したりするのも苦手なので、相手が今何を考えているのか、何を求めているのかなどを理解することがむずかしいといえます。そのため、たとえば身近でだれかが困っていても、気にかけてあげたり、助けてあげようという感情を持ちにくく、友だちをつくったり、いい人間関係を築くことが困難です。

人に関心や愛着を示さないことで起こる問題行動

- 人と目を合わせようとしない
- 両親、きょうだい、友だち、祖父母などにも親密な態度をとらない
- 相手が今何を考えているのかを推測したり、人の行動の意味を理解するのが苦手
- 困っている人を助けてあげるという発想に乏しい
- 人間関係を築くのが苦手

言葉かけのPOINT 1

✕ お友だちと一緒に遊んだ方が楽しいよ

↓

○ 一人で楽しく遊べるのはすごいね

一人遊びを否定しない

人に関心が向かず、一人で過ごしている様子を見ると、親としては不安になるかもしれません。しかし、「友だちと一緒に遊んだ方がいい」「友人関係は大切にすべき」という考えに固執せず、本人が満足しているなら一人遊びを存分にさせてあげましょう。

言葉かけのPOINT 2

人の感情を読み取ることが苦手なことを理解する

人の感情を読み取ることが苦手のために、友だちの気持ちを考えない言動や行動をとってしまうことを、まず理解しましょう。たとえ“空気が読めない”行動をとっても、自分なりに何かを感じている場合があります。

✕ どうしてお友だちを助けてあげないの?

↓

○ お友だちが困っていたね

言葉かけのPOINT 3

子どもの主張に耳を傾けよう

人への関心や愛着が薄くても、自分のことに関しては考えや主張があり、一方的な物言いをしたり行動をとったりすることがあります。それを「自分勝手な考え（行動）は良くない」と頭ごなしに否定せず、「そういう考えもある」と認めてあげましょう。

✕ 自分勝手な考えは良くないよ

↓

○ あなたはそう考えたんだね

ASD

パニックを起こす

特性のために、しばしばパニック（かんしゃく）を起こすことがあります。その場合、そっとしておいてあげるのが基本ですが、声かけをすると落ち着くことがあります。

パニックには必ず原因や理由がある

パニック（かんしゃく）は、ASDの特性のある子どもによく見られる問題行動の一つです。突然、奇声を発したり、暴れたり、自分の頭を壁や床に叩きつけたりします。また、物を投げつけたり、他人にかみつくこともあります。

子どもが急にそんな行動をとり始めたら、どう対処したらいいのかわからず戸惑ってしまい、つい大声で叱ってしまいがちですが、パニックを起こしたときは必ず原因や理由があります。

そこでまずは、子どもがどんなときにパニックを起こしやすいのかを把握しましょう。その上でパニックを起こしそうな気配を感じたら、子どもの気持ちになって言語化してあげましょう。それによって落ち着くことがあります。言語化の際、否定的な言葉ではなく前向きになるような言葉かけを行います。

パニックの引き金になりやすい原因

● 予期せぬ変化があった
- 予定が突然変更になる
- 次に何をすればいいのかわからない

● 戸惑う環境に置かれる
- まわりの雰囲気や環境が変わった
- 初めての場所に来た
- 今まで乗ったことのない乗り物に乗った

● 不快なことがある
- 不快な音が聞こえる
- 目障りな物や人が視界に入る
- いやな感触がある

● 自分の要求が伝えられない
- してほしいことがある
- 気づいてほしいことがある
- 手に入れたい物がある

● 言葉が通じない
- 人から言われたことが理解できない

言葉かけのPOINT 1

叱らないことが基本

子どもがパニックを起こすと親も慌ててしまい、つい「静かにしなさい！」などと大声で叱ってしまいがちですが、これは逆効果です。まずは子どもに寄り添って、「大丈夫だよ」「お母さんがいるよ」と声をかけ、落ち着かせてあげましょう。

✕ 静かにしなさい！

↓

○ 大丈夫だよ

言葉かけのPOINT 2

子どもの気持ちを言語化してみる

子どもがパニックを起こしそうな気配を感じたら、「何でそんな顔をするの」「どうしていやがるの？」などと責めるような聞き方はＮＧです。子どもの気持ちになって、「いつもと違うからいやなの？」と言葉をかけると落ち着くことがあります。

✕ どうしていやがるの？

↓

○ いつもと違うからいやなのかな？

言葉かけのPOINT 3

✕ 明日は外で大声を出しちゃダメよ

↓

○ 明日は大きなバスに乗るからね

“変化”は前もって予告しておく

特性のある子どもは、あらゆる変化が大きなストレスになりえます。予定を変更する、新しいことをする、環境が変わるなど“変化”が予定されている場合は、あらかじめ説明しておいて、心の準備をさせるといいでしょう。

ASD

ルールやマナーが理解できない

ＡＳＤの子どもの中には、園や学校などで集団生活を送る上で必要なルールやマナーがなかなか覚えられない場合があります。

臨機応変な対応をするのがむずかしい

子どもは人と交流したり、集団生活を送ることを通じて、徐々に社会性を身につけていきます。

たとえば、社会生活の基本ともいえる「あいさつ」は、通常どんな言葉を交わすのかを教えてあげればできるようになるものです。また、まわりの人のやり方をみているうちに、あいさつをするタイミングを自然と覚えていきます。

ところがＡＳＤの子どもの場合は、何を、どんなタイミングで言えばいいのかわからないことがあります。そのため、何も言わないまま通り過ぎてしまったりします。ルールやマナーをある程度理解できても、その場面に応じて臨機応変に行動に移すことがむずかしいのです。

結果的にルールやマナーを守れずに、周囲から誤解され、孤立してしまうケースも見られます。

ルールやマナーを理解できないことで起こる問題行動

- 適切なタイミングであいさつができない
- その場の空気を読んで行動するのが苦手
- 急な予定の変更に対応できない
- 順番を守ったり、人に譲ったりすることがむずかしい
- 自分の好きなことだけをやろうとする
- 自分のいやなことはやろうとしない

言葉かけのPOINT 1

× 朝のあいさつは『おはようございます』でしょ

○ （絵を見せながら）このタイミングで『おはようございます』と言うのよ

ルールをわかりやすく可視化

ＡＳＤの子どもは目に見えないことを理解・想像するのが苦手です。そこでルールやマナーを覚えていくには、目に見える形にすると効果的です。優先順位の高いルールから絵やカードなどで可視化して、徐々に身につけさせましょう。

言葉かけのPOINT 2

学校と共通のルールを家庭でも設ける

臨機応変な対応をとるのがむずかしい子どもにとって、「家ではやってもいいけど、学校ではやってはいけない」という説明では混乱してしまいます。守るべきルールやマナーは家庭と学校で共通にして、そのやり方を親子で少しずつ練習しましょう。

× 家ではご飯をゆっくり食べてもいいけど、学校では早く食べなきゃダメよ

○ 家でも学校でもご飯は決まった時間までに食べよう

言葉かけのPOINT 3

守れたら必ずほめる

ルールに従って行動できたら、ほめてあげることが先決です。ほめられることで、子どもはその行動を習慣化することができるようになります。できれば、あらかじめ先生に説明しておいて、学校と連携しながら行うとさらに理解度が進みます。

× （あいさつができるようになったら）次は順番が守れるようになろうね

○ あいさつができるようになって、えらいね

ASD

こだわり行動をとる

「こだわりが強い」という特性のために、融通のきかない行動が目立つ場合があります。そんなときは、叱るより具体的な指示を出すことが有効です。

こだわり行動の背景には不安がある

ASDの子どもは、人の気持ちを推測したり、状況を正確にとらえることが苦手なことから、不安を抱えやすく、その不安にうまく対処することができません。そこで不安な気持ちにならないように、できるだけ新しいことや変わったことには手を出さず、同じことをもくもくと続けたり、一度始めたことは途中で変更しないというこだわり行動を起こします。

本人なりに理由があってとっている行動のため、叱ったり禁止したりしても不信感を持たれるだけです。無理にやめさせようとすると、パニックを引き起こすおそれもあります。

こだわり行動を軽減していくには、子どもの中にある不安な気持ちを認めながら、「もっと楽しいことがある」ことを教えてあげることが重要です。

こだわりが強いことで起こる問題行動

- 何か一つのことを飽きずにずっと続ける
- 夢中になると周囲の状況が目に入らない
- 予定や日課を変えたがらない
- 決まった手順や道順にこだわる
- 気に入った物に対して強い執着を見せる
- 活動や興味の範囲が限定されている
- 途中で無理にやめさせようとすると強く抵抗したり、パニックを起こす

言葉かけのPOINT 1

行動にルールを設ける

もし、ブランコ遊びが気に入ると、順番を待っている子がいても目に入らず、ずっと乗り続けてしまうことがあります。この場合、「○回こいだら次の子と変わろうね」と事前にルールを伝えておくと、終わりがわかってすんなりと交代できるようになります。

✕ いつまで乗っているの！／次の子と変わりなさい！

↓

○ 二十回こいだら交代しようね

言葉かけのPOINT 2

事前に予定を伝えておく

定例の日課にこだわるため、いつもの授業が運動会の練習や遠足などに変更されると、強く抵抗したり、ときにはパニックを起こす場合があります。変更があることを事前に、視覚化するなど子どもにわかりやすい方法で伝えておくと効果的です。

✕ 予定が変わったら、それをやらなきゃいけないの

↓

○ 今日の三時間目は運動会のダンスの練習をするんだよ

言葉かけのPOINT 3

✕ いつまでやっているの。いい加減やめなさい！

↓

○ それが好きなんだね

子どものこだわりを否定しない

子どものこだわり行動は、はた目から見れば意味があるように思えないことが少なくありません。だからといって、頭ごなしに叱ったり、やめさせせようとしたりせず、好んでやっているようなら認めてあげることも大切です。

ADHD

飽きっぽく集中力に欠ける

ＡＤＨＤの子どもは、何か気になるもの（こと）が目に入ると、そちらに関心が移ってしまいがちです。そのため一つのことに集中して取り組むことが苦手です。

これらはおもに「不注意」の特性によるもので、注意してもまた同じ失敗や問題行動を繰り返してしまいがちです。

一つのことをやり遂げるのに人一倍努力がいる

ＡＤＨＤの子どもによく見られる傾向として、「集中力がない」ことが挙げられます。たとえば、宿題を終わらせなければならないと頭ではわかっていても、気になるテレビ番組が始まる時間になると、そちらに関心が移ってしまいます。一つのことを最後までやり通すのに、人一倍努力と気力を必要とします。

また、興味のないことには気もそぞろになり、注意深く取り組むことができません。そのため物をなくしたり、忘れ物をしたり、約束事をすっぽかしてしまうことがあります。

集中力に欠けることで起こる問題行動

- やり始めたことを途中で投げ出してしまう
- 一つのことを最後までやり遂げるのが苦手
- 好きで始めたことでも長続きしない
- 何かに取り組んでいると思ったら、別のことをやっている
- 物をなくしたり、忘れ物が多い
- 約束したことを忘れてしまうことがある

言葉かけのPOINT 1

× 何をしているの！
早くやってしまいなさい！

○ ここまでやったなら、残りは明日
やろうか

やらなければならないこと以外、自由にやらせてみる

宿題は終わらせる、明日の持ち物を準備するなど、やらなければならないことはしっかり最後までやらせましょう。一方、そこまで重要かつ緊急ではないことは、ある程度好きにさせてあげることも、ときには必要です。

言葉かけのPOINT 2

今日のできごとを聞いてみよう

夕食の時間や寝る前などを利用して、子どもに今日のできごとや印象に残っていることなどを聞いてみましょう。特性のために忘れっぽいところがありますが、話題に上ってくる内容から本人が関心を持つことの傾向が見えてくることがあります。

× 今日はちゃんとできたの？

○ 今日はどんなことが
おもしろかった？

言葉かけのPOINT 3

集中力のなさを長所に置き換えてみる

基本的に一つのことに集中するのは苦手ですが、自分の好きなことには高い集中力を発揮することがあります。また、何かにじっくりと取り組むのはむずかしくても、新しいことを思いついたり、何かを発見したりするのは得意です。

× 最後までやり切ったためしが
ないんだから！

○ 新しいことを思いつくのは
得意だよね

ADHD

思ったままを口にする、話し出すと止まらない

自分の欲求をコントロールすることがむずかしい面があります。そのために、思いついたことをそのまま口にしたり、延々としゃべり続けることがあります。

良好な友だち関係を築きにくい

ＡＤＨＤの子どもは、とにかくじっとしていることが苦手です。そうした「多動」の特性が、動作だけでなく〝おしゃべり〟にあらわれることがあります。

たとえば、今頭に浮かんだことを話したくてがまんできず、ほかの子が話しているのに割って入ったり、ほかの子が興味なさそうにしているのにおかまいなく話し続けたりすることがあります。これはとくに女の子によく見られる傾向です。

また、深く考えもせずに「太ったんじゃない？」「その服、センス悪いね」「そのお弁当まずそう」などと、思いついたことをそのまま口にするところがあります。本人に悪気はなくても、相手を傷つけたり、周囲からいやがられたりして、友だち関係を築きにくいところがあります。

おしゃべりなことで起こる問題行動

- 場所や時間におかまいなく、話したいことを話す
- ほかの子の会話に割って入って、自分の話をし始める
- 思いついたことはすぐに話したい
- 話し出すと止まらない
- 相手が傷つくようなことでも口にしてしまう
- ほかの人の話を集中して聞くことができない

言葉かけのPOINT 1

× あなたはしゃべり過ぎだよ

↓

○ 人には言ってはいけないことがあるんだよ

言ってはいけないことを教える

どういうシチュエーションで、どういった内容のことを口にしてはいけないのかを、さまざまなケースを想定しながらしっかり教えましょう。言ってはいけない理由を説明するよりもまず、話し方のルールとして覚えさせていくのがポイントです。

言葉かけのPOINT 2

人の話を聞く練習をする

コミュニケーションのルールとして、自分が話す代わりに、相手の話も聞くことを教えましょう。相手の話は終わりまで聞くこと、相手の話が終わったら自分の話を始めることなどを、親子で練習しておくと身につきやすくなります。

× 人の話の途中で割って入ってはいけないの！

↓

○ あなたの話はおもしろいけど、友だちの話も最後まで聞こうね

言葉かけのPOINT 3

積極的に人と話せるところをほめる

初対面の人、外国人、高齢者など、普通なら話しかけるのに気後れしてしまうような相手でも、気にせず話しかけられるのはＡＤＨＤの良いところです。だれとでも話ができるコミュニケーション力の高さを評価し、ときにはほめてあげましょう。

× （外国人に話しかけられたとき）あなた、英語は話せないでしょ！

↓

○ （外国人に話しかけられたとき）英語が話せなくても物おじしないところはすごいよ

ADHD

ルールや順番が守れない

「○○をしよう」と思ったら、あまり深く考えずに行動に移すところがあります。それがルールを破る行為であっても意に介さない場合があります。

〝自己チュー〟な子と誤解されてしまうおそれも

列にじっと並んでいられない、順番が待てずに割り込む、先生に当てられる前に答えてしまうなど、ADHDの子どもは自分の衝動のままに行動してしまうところがあります。そのため本人に悪気はなくても、友だちや先生との間でしばしばトラブルが起こります。

これらの行動は特性から来るものですが、周囲から理解されにくいため、「どうしてこんなことをするの？」と困惑されたり、注意しても何度も同じことを繰り返すのであきれられたりして、いわゆる〝自己チューな子〟というレッテルを貼られてしまうことも少なくありません。その結果、友だちができにくく、周囲から孤立してしまうケースも見られます。

ルールや順番が守れないことで起こる問題行動

- 順番が待てずに割り込んでしまう
- だれよりも先にやりたがる
- 人の話に割って入る
- 先生の質問が終わる前に答えを言う
- ほかの子が先生からあてられたのに先に答えてしまう
- 授業中にほかの子にちょっかいを出す
- せっかちで“待つこと”全般が苦手

言葉かけのPOINT 1

何度でもわかるように教える

電車やバスの乗り場、チケット売り場などに子どもをつれて行き、実際に列に並んで順番が来るのを待つ練習をしてみましょう。言葉も一回や二回言えばわかると思わず、折に触れて何度も根気よく教えることがコツです。

× 割り込んじゃダメだよ！

↓

○ ここで順番が来るのを待ってみよう

言葉かけのPOINT 2

きつく叱らない

子どもに何度同じことを注意しても改善が見られないとき、しびれを切らして大声で叱ったり、つい手を上げてしまいがちです。しかし、きつい叱り方をしても子どもに伝わらないどころか、かえって親への信頼感を失わせるおそれがあり、逆効果です。

× 何度言えばできるの！

↓

○ できるまで何度でも言うからね

言葉かけのPOINT 3

× ルールは守らなきゃいけないよ

↓

○ こんなときはどうしたらいいと思う？

あえてリーダーを任せてみる

「ルールが守れない」というとマイナスイメージですが、「思いついたらすぐ行動する」ととらえると、行動力があるともいえます。ときには子どもにリーダーを任せて、親は補佐役に回り、さまざまな状況でどう行動したらいいかを考えさせてみるのも方法です。

ADHD

暴言を吐く、つい手が出る

ＡＤＨＤの「衝動性」の特性が強くあらわれる子どもは、抑制がきかないところがあり、ついカッとなって暴言を吐いたり、手が出てしまうことがあります。

抑制がきかずに つい手が出る

ＡＤＨＤの子どもは、衝動性の特性ために〝抑制がきかない〟一面があります。そのため、自分の思う通りにならずにイライラしているときや、友だちから心ないことを言われてカッとなったときなど、つい暴言を吐いたり、相手を叩いたりしてしまうことがあります。

「相手をやっつけてやろう」というような攻撃性からとった行動ではないのですが、できるだけ早い段階で適切な対応をとることが大切です。

思春期を迎えるころになると、特性のために思うようにいかないことが増えてきて、身体的にも精神的にもアンバランスになり、さらに行動がエスカレートしてしまうおそれもあります。

抑制がきかないことで起こる問題行動

- ささいなことにイライラして不機嫌になる
- 自分の思うようにいかないと急に怒り出す
- ついカッとなって相手に暴言を吐く
- ついカッとなって相手のことを叩く
- イライラして物を投げたり壊したりする

言葉かけのPOINT 1

✕ ダメな子！／悪い子だね！

↓

○ 叩いてはダメ！

行動に線引きをする

暴言を吐いたり人を叩くような行為は、ビシッと注意してやめさせなければなりません。その際、「人と叩くような子は悪い子」というように人格を責めるのではなく、「人を叩いてはダメ！」と行為そのものが悪いことだと指摘することが肝心です。

言葉かけのPOINT 2

本人にジャッジさせる

子どもの行動が落ち着いたら、本人の言い分を聞いた上で、「友だちを叩くのはいいことなの？」「カッとしたときはどうすればいいと思う？」などと聞いて、自分のとった行動をジャッジさせましょう。振り返りになり、問題行動を抑制するきっかけになります。

✕ 何で友だちをすぐに叩くの？

↓

○ 友だちを叩いてもいいと思う？

言葉かけのPOINT 3

やさしく抱きしめる

物に当たって投げつけたり、友だちを叩いたりする行動をとったときは、言葉より先にやさしく抱きしめてあげましょう。行動を即座に制止することができる上に、過敏になった神経を鎮める効果もあります。

✕ やめなさい！

↓

○ （やさしく抱きしめて）落ち着こう

COLUMN

発達障害の子どものいる家庭に「新型コロナ」が与えた影響

二〇二〇年に発生した「新型コロナ」は、家庭生活にもさまざまな変化をもたらしました。多くの人の働き方が変わり、感染予防による自粛で行動範囲も狭くなり、その分在宅時間が増えました。

つまり、家族が一緒に過ごす時間が増えたわけです。本来、それは歓迎すべきことのはずですが、それまでの生活リズムは崩れます。

たとえば、外で働くお父さんにとって、在宅勤務は会社で仕事をするのとは勝手が違いますし、仕事に集中しやすい環境とはいえません。そのため慣れるまでは仕事の能率が上がらず、かといって好きなことを自由にできるわけでもなく、ついイライラしてしまいがちです。そのしわ寄せがほかの家族に行き、窮屈な思いを強いられる可能性があります。

一方、お母さんからすれば、家にいるのだから少しは家のこともしてほしいと思うでしょう。しかし、お父さんには「在宅勤務であって休みではない」との思いがあるため、「仕事中に家のこともしてほしいとは何事だ!」となり、夫婦それぞれがストレスをためているケースが多く見られます。

これは特性のある子どもにとって好ましい環境とはいえません。親がそれぞれイライラした状態では、子どもの言動や行動を温かく見守ったり、できたことをほめてあげたりするのはむずかしいでしょう。むしろ子どもの問題行動ばかりに目が行き、「どうしてこんなことをするんだ!」「何度言えばわかるんだ!」などと叱る回数が増えたり、大声を張り上げたり、手が出てしまうおそれもあります。

子どもの気になる行動を「どうして?」と考えていても解決しません。「どうすれば」やらなくなるのか、できるようになっていくのかを考えて、言葉で伝えていくことが大切です。

第4章

日常生活の「できる!」が増える言葉かけ

子どもが成長するにしがたい、日常生活のさまざまな場面で困った行動が表面化してくることがあります。日々の生活を快適に過ごせるように、適切な言葉かけとサポートで、子どものできることを一つずつ増やしてあげましょう。

極端な偏食、特定のものしか食べない

特性のある子どもの中には、気に入った食べ物しか食べない、そもそも食べることに対して積極的ではないというケースが少なくありません。

好きなものだけを食べようとするのはこだわりのため

とくにＡＳＤの特性のある子どもは、「食事」に関してこだわりを持っていることが少なくありません。よく見られるのが偏食です。何カ月も好きな食べ物や決まったおかずだけを食べている、温かいものが食べられない、ご飯はふりかけをかけないと食べない、飲み物はジュースしか飲まないなどです。

こうした偏食は単なる好ききらいによるものではなく、食べ物の味、色合い、におい、舌触りなどの感じ方が通常と異なっているために、起きていると考えられます。

それを何とか食べさせようとして、無理やり子どもの口の中に入れようとしたり、「食べなきゃダメよ」「野菜を食べないなら、ハンバーグもあげません！」などと叱っていると、楽しいはずの食事の時間が苦痛なものになってしまうおそれがあります。

こだわりが強いことで食事中に起こる問題行動

- 特定のものだけを食べ、それ以外のものはいっさい手をつけない
- 特定の色の食べ物は食べない
- きらいな食材は、入っていることがわからないように調理しても食べない
- 温かいもの、逆に冷たいものが食べられない
- 白いご飯のままでは食べないが、ふりかけなどをかけると喜んで食べる
- 同じハンバーガーでも、特定のショップのものでないと食べない
- スパゲッティーの麺と具をきれいにより分けてから、麺だけを食べる

言葉かけのPOINT 1

✕ 好ききらいをすると大きくなれないよ

↓

○ ニンジンはまた明日挑戦してみよう

食べられるものを食べさせる

偏食によって栄養状態が悪くなったり、身体的な成長に悪影響が出ることはほとんどありません。ある程度は好きなものだけ、食べられるものだけを食べさせていてもかまいません。

言葉かけのPOINT 2

食事時間を楽しくアレンジ

子どもの好きなキャラクターがデザインされたお皿に盛りつけたり、食後のデザートとして子どもの好きな果物を用意したりと、楽しい気分で食事ができるようなアレンジや工夫を凝らしてみましょう。

✕ 野菜も食べないとデザートのプリンはあげないよ

↓

○ 野菜を食べられたら、今日のデザートは大好きなプリンだよ

言葉かけのPOINT 3

食べたことをとにかくほめよう

食べないことや残したことを叱るよりも、好きなものを全部食べたことや、苦手なものをひと口でも食べられたことをほめてあげましょう。もっとほめられたいと思うようになり、食事に対する意欲を持ちやすくなります。

✕ ご飯は残しちゃダメよ！

↓

○ おかずを全部食べるなんて、今日は調子いいね！

じっとしていられない

ＡＤＨＤの子どもは、集中力が続かずじっとしていられないことがよくあります。一方、興味のあることには没頭するほどの集中力を発揮することもあります。

興味のないことには集中できない

ＡＤＨＤの子どもは、不注意や多動の特性のために、じっとしていることが苦手です。そのため、食事の間ずっと座っていることができず、テーブルを離れてテレビをつけたり、食べながらゲームで遊び始めてしまうようなことがあります。

また、学校でも授業に集中できず、手足を動かしてそわそわしていたり、席を立って教室内をウロウロ歩き回ったりする場合があります。

もともと落ち着きがなく、集中力にも欠けるため、ほかに気になる物事を見つけてしまうと歯止めがきかず、そちらに気持ちが移り、行動に移してしまうのです。

じっとしていられないことによって起こる問題行動

- 食事の献立が好きなものでないと食事の途中で席を立ったりする
- 気になる物事を見つけると、授業中でも席を離れたり、教室から出て行ってしまう
- 苦手だったり、興味のない科目の授業では、手足をブラブラさせたり、まわりの子にちょっかいを出したりする
- 宿題を終わらせる前にほかのことをやり始めてしまう
- 移動中の電車やバスの中で走り回る

言葉かけのPOINT 1

食事に興味を向けさせる工夫を

子どもの好きなメニューや食材を使ったり、お気に入りのスプーンやフォークを使わせるなど、食事そのものに興味を持たせるような工夫を凝らしてみましょう。また、子どもがなんとか座っていられる時間内で食べきれる量や献立の工夫も有効です。

× 食べ終わるまで席を立っちゃダメよ

↓

○ 今日のオムライスには〇〇ちゃんの好きなものが入っているから見つけてごらん

言葉かけのPOINT 2

集中しやすい環境を整える

子どもの集中を妨げるものは極力排除しましょう。たとえば、食事中はテレビを消したり、スマートフォンを視界に入らない場所に置いておくなどしましょう。また、授業中に気が散りやすい子どもには、一番前の席にしてもらい、先生の話に集中しやすくするのも方法です。

× どうしてじっとしていられないの？

↓

○ どうしたら席を立たずにいられるのかな？

言葉かけのPOINT 3

× 何で十分くらいじっと座っていられないの？

↓

○ 今日は五分座れたね。明日十分座れたらゲームを三十分やっていいよ

ごほうびを用意してみる

たとえ興味がなくても、やらなければならないことを子どもに伝えた上で、少しでもできたことをほめたり、ささやかなごほうびをあげるなどしてみましょう。メリットがあることがわかると、興味がなくてもやるようになることがあります。

お片づけができない

特性のある子どもは、全般的に片づけが得意ではありません。しかし、やり方を身につけさせれば、少しずつ片づけられるようになっていきます。

細かいことに気が回らない

ＡＤＨＤの子どもは、不注意の特性から細かいことに気が回らないところがあります。出したら出しっぱなし、脱いだら脱ぎっぱなしにしやすく、あるべき場所に戻すという考えが浮かばないのです。それが、整理整とんが苦手、物をよくなくす、忘れ物が多いといった行動となってあらわれます。

つねに散らかっている状況にがまんできず、つい親が代わりに片づけをしてしまうと、子どもの中に片づけは自分のやるべきことだという認識が芽生えません。このような場合、お手伝いを通じて一緒に片づけをしながら、片づけ方のスキルを身につけていくと効果的です。

細かいことに気が回らないことで起こる問題行動

- 忘れ物や失くし物が多い
- 出したら出しっぱなし、脱いだら脱ぎっぱなし
- 整理整とんが苦手
- 散らかっていてもあまり気にならない
- 飽きっぽいところがあり、途中で片づけをやめてしまいがち
- 使い勝手がいいように上手に片づけられない

言葉かけのPOINT 1

× **出しっぱなしにしないで片づけなさい！**

↓

○ **一緒に片づけよう**

お手伝いをさせよう

「一緒にお片づけをしよう」と、子どもを誘ってみましょう。その際、親はサポート役に回って、片づける場所や使いやすく片づける方法などを指示してあげると、子どもは片づけ方のコツをつかみやすくなります。

言葉かけのPOINT 2

「片づけは良いこと」だと思わせる

子どもは、片づけを“面倒くさいもの”だととらえている可能性があります。そこで、部屋がきれいになる、物が見つかりやすくなる、遊ぶ場所が増えるなど、「片づけは良いこと」だと体験させてあげましょう。メリットを感じるとやる気がわきやすくなります。

× **いつになったら片づけるの！**

↓

○ **片づけると遊ぶ場所が広くなるよ**

言葉かけのPOINT 3

少しずつ片づける

ここもあそこもと欲張らずに、「今日は机の上をきれいにしよう」などと場所を限定して、最後までやり切る体験を味わわせてあげましょう。終わったら「よくできたね」「きれいになったね」とほめてあげることも忘れずに。

× **とにかく部屋をきれいにしなさい**

↓

○ **今日はここだけをきれいにしよう**

洗面、歯磨き、お風呂をいやがる

感覚過敏性のある子どもは、洗面、歯磨き、入浴、着替えなどを極端にいやがることがあります。手順を視覚化して少しずつ身につけさせましょう。

感覚過敏性から生活動作を不快に感じる

ＡＳＤの子どもの中には、洗面や歯磨きを痛いと感じたり、お風呂のお湯が本来の温度より熱く感じたり、ぬれたタオルの感触や衣服が肌に触れるのをいやがったりする場合があります。これは特性の一つである感覚過敏性によるもので、人とは異なる感じ方をするために、なんでもないようなことに不快感や恐怖を覚えてしまうのです。

　こうした生活動作は、早い段階から自分一人でできるようにしておく必要があります。感じ方を変えるのはむずかしくても、一つひとつの行為に慣れさせることはできます。的確な指示を出したり、視覚化することで、できることを少しずつ増やしてあげましょう。

感覚過敏性があることで起こる問題行動

- 洗面時に顔に水をつけることをいやがる
- 歯ブラシの感触や磨くときのシャカシャカいう音がいやで歯を磨きたがらない
- ぬれたタオルを気持ち悪がる
- 衣服の素材によってはチクチク感じて着たがらない
- 一般的な湯温（40℃前後）をすごく熱く感じてお風呂に入りたがらない

言葉かけのPOINT 1

子どもがいやがる要素を取り除く

お風呂のお湯を実際に触らせて「これくらいなら大丈夫？」と前もって確認させたり、シャワーの圧を下げたり、縫い目の少ない衣服を選んだり、衣服のタグを取り外すなど、まずは子どもがいやがる要素を取り除いていきましょう。

× これくらいならそんなに熱くないわよ！

↓

○ これくらいの温度なら大丈夫？

言葉かけのPOINT 2

一つひとつをスモールステップで

歯磨きをする場合、「口の中に歯ブラシを入れる感覚に慣れる→口を開けて噛み合わせの練習→歯ブラシを歯に当てる→歯ブラシを動かす→磨く位置を移動させる→適度な力を入れる」などと細かい段階に分けて図解化し、少しずつ教えていきましょう。

× 歯ブラシで歯をこすればいいのよ

↓

○ 口の中に歯ブラシを入れてみようね

言葉かけのPOINT 3

× 朝起きたら歯を磨くって言ったでしょ

↓

○ 朝起きたらまず何をするんだっけ？

洗面や歯磨きのスケジュール表をつくる

覚えた動作をどのタイミングで行うのが適切かを身につけさせましょう。朝なら、歯磨き→顔を洗う→タオルで顔を拭く→ご飯を食べる→トイレに行く→着替えるといった流れをスケジュール表にまとめて視覚化すると、行動がとりやすくなります。

生活リズムが崩れやすい

特性のある子どもは、頭の中で優先順位をつけて行動することが苦手です。そのため、規則正しい生活リズムを維持することが困難な場合があります。

優先順位をつけるのが苦手

ＡＳＤの子どもは、特性のために時間の概念を理解することがむずかしい部分があります。一つひとつの生活動作を身につけても、それらに優先順位をつけながら行うことがうまくできません。そのため朝のしたくに戸惑って学校に遅刻しそうになったり、夜布団に入る時間が遅くなったりして、生活リズムがなかなか安定しない場合があります。

ＡＤＨＤの子どもは、好きなことや興味のあることを優先して行動するところがあるため、ゲームに夢中になって寝るのが遅くなり、朝寝坊をしてご飯を食べる時間がなくなってしまうということが起こります。

いずれの場合も一日のスケジュールを立てて、規則正しい生活リズムを定着させることが大切です。

優先順位がつけられないことで起こる問題行動

- 頭の中で予定を組み立て、それに沿って行動するのが苦手
- 十分、三十分、一時間など、時間の長さを想像するのが苦手
- 何にどれくらい時間がかかるか予測を立てるのがむずかしい
- 好きなことを優先して、苦手なことを後回しにしてしまいがち
- 宿題などやらなければならないことを後回しにしても平気
- 夜更かしをして一日の生活リズムを崩しがち

言葉かけのPOINT 1

早く顔を洗ってらっしゃい

スケジュール表には
なんて書いてあった？

一日のスケジュール表をつくる

まずはごく簡単な一日のスケジュール表をつくって、子どもの目につきやすいところに貼っておきましょう。時間の概念を理解しにくい子どもの場合は、時計のイラストを書き添えておくなどの工夫をすると理解しやすくなります。

言葉かけのPOINT 2

朝起きる時間を一定に

夜更かしすると朝寝坊しがちになり、その後の予定が押して生活リズムが崩れてきます。生活リズムを維持するには、朝起きる時間を一定にするのがコツです。すると夜には自然に眠くなるので、夜更かしをしづらくなります。

いつまで起きているの。
早く寝なさい！

夜更かしをしても、朝はいつもの
時間に起こすからね

言葉かけのPOINT 3

無理はさせない

子どもの体質やその日の体調によっては、スケジュールに沿った行動がとれないこともあります。学校から帰宅後、いつもより疲れているようなら、宿題をする予定を夕食後に変更するなど臨機応変に対応しましょう。無理をさせないことが大切です。

学校から帰ったら
すぐに宿題をやるんでしょ

疲れているなら、
宿題はご飯のあとにしようか？

COLUMN

お父さんにほめてもらうと大きな自信に

特性のある子どもがさまざまな困難を乗り越え、できることを増やしていくには、お父さんとお母さんが同じ目標に向かい、足並みをそろえて取り組むことが重要です。子どもに関する日々の情報を、夫婦で共有するようにしましょう。

たとえば、お母さんが子どもの言動や行動で気になるところがあったら、できるだけ具体的にお父さんに報告しましょう。お父さんはそれを念頭に置きながら、子どもの様子に注意を傾けるようにします。

夫婦が子どもに関する情報を共有し、どう対処していくか、どんな言葉かけをするかを考えておくことが、子どもの成長を後押しします。

ところが、お父さんの中には子育てにあまり積極的でない人もいます。あるいは、仕事の都合で帰宅時間が遅く、物理的に顔を見る機会が少ない場合もあるでしょう。子どもに関する日々の情報が夫婦で共有されていないと、たまにお父さんが在宅しているときに、目についた子どもの問題行動に対して、頭ごなしに叱ってしまう場合があります。あるいは、子どもが問題行動を繰り返すのは「お母さんの対応が悪いから」などと責任を転嫁するケースもあります。これでは子どもの成長をサポートするどころが、逆効果になってしまいます。

お父さんは子どもと接する時間が少ないからこそ、子どもを客観的に見やすいといえます。また、以前と現在の子どもの小さな変化にも気づきやすいのではないでしょうか。そうした強みを生かして、子どもの言動や行動を冷静に分析し、論理的に解決方法を導くとよいのではと考えます。

お母さんの言うことには耳を貸さない子どもでも、お父さんのかける言葉は素直に聞く子どももいます。「ここぞ」というときにお父さんに指示してもらったり、ほめてもらったりすると、子どもの自信につながる可能性は高いといえます。

第5章

子どもが自信をつける言葉かけ

～上手なほめ方の10のポイント～

ほめられればだれでもうれしくなり、意欲がわいてくるものです。特性のためにできないことや苦手なことの多い子どもの小さな“できた”を見逃さず、上手にほめてあげましょう。子どもに自信がつくだけでなく、思わぬ能力の発見につながるかもしれません。

POINT 1

その場ですぐにほめる

ほめるときは、できたその場ですぐにほめてあげることが鉄則です。それによって子どもは、自分のどんな行動が良かったのかを実感し、学んでいきます。

× さっきは上手にできたね

○ 一人で上手に着替えられたね

「さっき〜」「あのとき〜」ではわからない

特性のある子どもは、時間の概念や代名詞などを理解することがむずかしい場合が多いものです。そのため時間がたってから、「さっきは上手にできたね」「あのときはえらかったね」とほめても、何のことを言われたのかがわからないことがあります。

子どもが何か良い行いをしたとき、今までなかなかできなかったことができたときなど、すかさずその場でほめるようにしましょう。その際、「何が」上手にできたのか、「どんなことが」えらかったのかを言葉にして伝えることも大切です。

POINT 2

ほめられたことがわかるようにほめる

言葉かけのPOINT

× 子どもの視界の外からほめる

↓

○ 子どもと目線を合わせてからほめる

せっかくほめても、子どもがほめられたと感じなければ意味がありません。ほめられたことが伝わるようにほめることが大切です。

子どもの関心をこちらに引きつけてから

特性のある子どもは、何かに集中しているとまわりが見えなくなることがあります。興味や関心が狭い範囲に向かう傾向があるからです。そのため、その場ですぐにほめてあげても、自分に対して言われた言葉だと認識できなかったり、場合によっては耳に入っていない可能性もあります。

ほめるときは、子どものそばに行って視界の中に入ってから言葉をかけましょう。子どもにとってもほめられたことがストレートに伝わり、意欲を高めることにもつながります。

POINT 3

小さなことでもできたらほめる

ほかの子どもならすぐにできるようなことでも、特性のある子どもはなかなかできるようにならないことがたくさんあります。そこを理解してほめてあげましょう。

× こんなことくらいすぐにできるでしょ

↓

○ 歯ブラシを元の場所に戻せたね

小さな成果を見逃さない

「食事が終わるまではテーブルにつく」「幼稚園に行く前にパジャマから洋服に着替える」など、ほかの子どもにとって当たり前のことでも、特性のある子どもにとっては一つひとつが大きなハードルです。「これくらい当たり前」「簡単でしょ」などと思わず、子どもの努力や変化を注視しましょう。

たとえ小さなことでも、今までできなかったことができるようになったときは、「どこが、どうできるようになったのか」をできるだけ具体的に伝えてほめてあげましょう。

POINT 4

身振りや手振り、表情や態度を交えてほめる

特性によっては、言葉だけでは理解しづらいことがあります。言葉とともに、身振りや手振り、表情や態度などを交えながら、わかりやすく伝えてあげましょう。

言葉かけのPOINT

× （言葉だけで）かけっこ、早かったね！

○ （両腕を前後に振りながら）かけっこ、早かったね！

「言葉＋視覚情報」で伝わりやすくなる

特性によっては、言葉よりも視覚情報の方が理解しやすい場合があります。また、いつも同じ調子で「すごいね」「えらいよ」とほめていると、ほめられた実感がわきにくくなっていきます。

子どもの何をほめているのかを伝える手段として、身振りや手振り、表情や態度などを交えてみましょう。満面の笑顔を浮かべる、両手を上げて万歳をする、子どもができた動作をまねするなどしながらほめてあげると、何がどれくらいすごくて、喜んでくれているのかが子どもに伝わりやすくなります。

POINT 5

言葉かけのPOINT

得意分野を見つけてほめる

× そんなことより、もっと本を読みなさい

↓

○ 世界中の国旗を覚えたの？　すごいね

特性のある子どもは、得意なことと苦手なことがはっきり分かれている場合が多いものです。得意なことにスポットを当ててほめてあげましょう。

得意はほめ、苦手はほどほどでいいと考える

特性のある子どもは、得意と苦手がはっきり分かれる傾向にあります。得意なことや興味のあることは集中して取り組めるし、成果も出やすい反面、苦手やできないことはやろうとしないし、なかなか成果が出ないことが多いものです。

苦手分野やできないことを無理にやらせて克服させようとするより、まずは得意分野を見つけてそれを認め、ほめてあげましょう。同時に、苦手なことは「この程度できていれば良い」ととらえてみましょう。そうした姿勢で接すると、子どもの中に自信が芽生えてきます。

POINT 6

勉強以外のこともほめる

小学校に上がると、どうしても勉強の遅れが気になってしまうものです。しかし、勉強以外の得意分野を見つけてほめてあげると、意欲の維持にもつながります。

言葉かけのPOINT

× そんなことより、もっと勉強をしなさい

↓

○ 学校でうさぎの世話をがんばっているんだね

勉強以外にも見るべきところはある

子どもが小学校に上がると、親はどうしても勉強の遅れが気になってしまうものです。実は、子ども自身もほかの子どものようにできないことを自覚して、「どうして自分はできないのか」と劣等感を抱いていることが多いのです。

しかし、だれにも得意なことはあります。たとえ勉強に関係のないことでも、子どもが興味を持って取り組んでいることがあれば、「一生懸命にやっているね」などと声をかけ、共感してあげましょう。そうすることで、子どもは少しずつ自信を持てるようになっていきます。

POINT 7

結果より過程に注目してほめる

× 逆上がり、できるようになった?

○ 逆上がり、
ずいぶん足が高く上がるようになったね

大人はつい〝成果〟に目が行ってしまいがちです。そこにいたるまでの過程に着目し、子どもの〝がんばり〟を見逃さずにほめてあげましょう。

がんばっているところを見逃さないで

子どもが何かに興味を持ち、がんばって取り組んでいるときには、その成果が出るのを待たずに言葉をかけてあげましょう。成果だけが評価されるのではなく、成果に向けて努力すること自体も評価に値するということを子どもに伝えることにもつながります。

成果が出るまでに時間がかかっても、その過程の要所要所でこまめにほめて、努力を持続させてあげましょう。たとえ成果が出なくても、過程を評価していれば、「次もがんばってみよう」という気持ちにさせることができます。

POINT 8

感性や発想力をほめる

一般的にはほめるような事柄ではなくても、それが子どもの個性や長所につながっているかもしれません。

言葉かけのPOINT

× 何なの、それ？（それのどこがいいの？）

↓

○ こんなものを見つけてくるなんて、あなたはすごいね

子どもの個性として尊重しよう

子どもが得意気な顔で「これ見て～」「聞いて、聞いて」などと言ってくることがあります。特性のある子どもは、物事のとらえ方や感じ方が独特な場合があり、それが率直に「素敵だね」「かっこいいね」などと評価できるような事柄ではないかもしれません。

しかし、軽くあしらったり、「これのどこがいいの？」と否定的な反応をすると、子どもの意欲をそいでしまいかねません。普通は思いつかないようなことに興味を向ける感性や発想力を、その子の個性として尊重し認めてあげましょう。

POINT 9

ときには間接的にほめる

通常	元気にあいさつができてえらいね
応用	「先生が○○君はいつも元気にあいさつをしていますよ」って言っていたよ

子どもをほめるとき、直接伝えるだけでなく、第三者を登場させて「○○さんもほめていたよ」とほめてみることも効果的です。

第三者の言葉を通じてほめてみる

特性のある子どもには、いいところを見つけてたくさんほめてあげることが重要です。とはいえ、同じ人からいつも同じようなことを言われていると、それが当たり前のようになってしまう場合があります。

そこでたまには第三者を登場させてみましょう。「『塗り絵が上手になったね』って、昨日お父さんがほめていたよ」「『学校で計算問題に一生懸命取り組んでいますよ』って先生が言っていたよ」などと間接的なほめ方をすると、いろいろな人が評価していることを子どもに自然に伝えることができます。

POINT 10

たまにはごほうびをあげてみる

言葉かけのPOINT

通常	お片づけ、がんばってできたね
応用	お片づけ、がんばってできたね。お母さんと一緒にケーキを食べようか

言葉だけでほめるのではなく、ときにはごほうびをあげることも一つの方法です。ごほうびをもらうことで、子どもは大きな達成感を得ることができます。

ごほうびを効果的に使おう

一生懸命努力したときや、できなかったことがようやくできるようになったときなど、ほめ言葉とともにごほうびを検討してみましょう。子どもは大きな達成感を得ることができ、さらなる意欲につながることが期待できます。

「ごほうび目当てで何かをさせるのはどうか」と抵抗感のある人もいるかもしれませんが、ごほうびを一つの動機づけととらえてみましょう。どんなときにごほうびがもらえるのかを、子どもを交えて家族で話し合い、ルールや限度を設けた上で試してみるといいでしょう。

COLUMN

特性のある子どもは「言葉のストレス」を抱えている

コミュニケーションに偏りのあるＡＳＤの子どもは、「言葉の意味を理解していない」ことがあります。言葉の意味を、自分の理解できる範囲でしかとらえられないのです。

特性の有無に関わらず、幼児のころは経験値の低さから、理解の範囲が狭いということが起こります。しかし、ＡＳＤの子どもの場合、小学校に上がっても幼児のように一方的な視点で物事をとらえがちで、言葉の意味の広がりを理解するのがむずかしいのです。

実際にこんな例があります。中学生の男の子がある日お母さんに、「最近、肉を食べていないね」と言ってきました。お母さんは育ち盛りの息子のために、毎日肉料理を工夫してつくっていたので、「あれ？」と思ったそうです。実は、彼の言う肉とはハンバーグのことだったのです。そのため、彼にとって鶏のから揚げや豚肉の生姜焼きは肉と認識していなかったのです。ＡＳＤの子どもは中学生の学力があっても、理解の仕方に特性が作用するのです。

ほかにも、「あれ、これ、それ」などの代名詞に対して、独特のとらえ方をしている子どももいますが、はた目にはわかりません。そのため会話の中で同じ言葉を使っていても、お互いに思い描いていることが違う場合があり、それに本人も周囲も気づかないことが多いものです。そうしたかみ合わない会話のせいで、誤解やトラブルが起こるケースも少なくありません。

このような状況に置かれている子どもは、つねに大きなストレスを抱えていることを理解してあげましょう。子どもはほめることでいろいろなことを身につけ、成長していきますが、ほめる言葉も子どもの特性に合わせて、理解しやすいようにかけてあげることが非常に重要です。

第6章

子どもが成長する言葉かけ

～上手な叱り方のポイント10～

特性のためにできないことを叱ってばかりいたら、子どもは委縮してしまう可能性があります。逆に、特性があるからと必要以上に甘やかしたり、放任するのも、子どもの成長をさまたげることになります。上手に叱るコツを身につけて、子どもを伸ばしてあげましょう。

POINT 1

その場ですぐに叱る

✕ 出かける前にお母さんと約束したでしょ。
どうして守れないの!?

↓

○ （その場で）お外では静かにしよう

ほめるときと同じように、問題を起こしたときはその場ですぐに叱るのが基本です。時間がたってから叱っても、ほとんど効果はありません

時間をおいて叱るとかえって混乱する

外出先で子どもが大声で騒いだとき、大勢の人がいる手前、つい「シーッ」とだけ言って、帰宅してから叱るというケースがよくあります。しかし、時間がたってから「お外で大声を出さないって約束したでしょ！」などと言っても、特性のある子どもは何のことを言われているのか理解できない場合があります。

子どもが問題行動を起こしたら、その場ですぐに叱るのが正しい対応です。「静かにして」のように、子どもがどういう行動をとればいいのかがわかる端的な言葉かけを心がけましょう。

POINT 2

できないことは叱らない

言葉かけのPOINT

✕ どうしていつもおもちゃを出しっぱなしにするの！

○ おもちゃを出しっぱなしにすると、踏んでケガをするから片づけよう

特性のためにできないことは、本人の努力不足とはほとんど関係ありません。どんなことができないのかを把握しておくことが先決です。

してはいけないことを止めさせるために叱る

ほかの子どもなら、一度言えばできるようになったり、改善が見られたりすることも、特性のある子どもはなかなかできるようにならないことがあります。そのため、つい「何度言ったらわかるの!?」などと声を荒げてしまいがちです。

努力してもできないことでいつも叱られていては、子どもは大きな劣等感を抱いてしまいます。特性のある子どもに対して叱るのは、できないことをできるようにするためではなく、してはいけないことを止めさせるための手段だと心に留めておきましょう。

POINT 3

「ダメ！」などの否定的な言葉を使わない

「ダメ！」のような強い否定の言葉は使わないようにしましょう。ＡＳＤの子どもの中には、否定的な言葉や強い口調に過敏な場合があります。

× 水を出しっぱなしにしてはダメよ！

↓

○ 使い終わったら水は止めるのが○《マル》だよ

言葉かけを変えると子どもは理解しやすくなる

だれでも四六時中「ダメ！」と強い言葉で叱られたら気が滅入ってしまいますが、とくにＡＳＤの子どもの中には、否定的な言葉に敏感に反応してしまう子もいます。

　やってはいけないことをやめさせる言葉として、つい「ダメ」を使ってしまいますが、何をやってはダメなのか、どうすればダメではないのかを具体的に教えてあげることが大切です。ダメ出しをするときは、子どもが新しい行動を覚えるチャンスととらえて、子どもが理解しやすいように言葉の使い方を工夫してみましょう。

POINT 4

短い言葉で具体的に叱る

言葉かけのPOINT

× また服を脱ぎっぱなしにして。いつもそう。もういい加減にしてちょうだい

↓

○ 脱いだ服はこのカゴに入れなさい

お説教が長くなればなるほど、子どもには伝わりづらくなります。できるだけ短く、わかりやすい言葉を使って具体的に注意するのがコツです。

子どもに長いお説教は伝わらない

特性によっては、長い話を聞き取れなかったり、抽象的な言い回しやたとえ話が理解できないことがあります。長いお説教をしても、何を叱られているのかがわからなければ、子どもは混乱してしまうだけです。

そこで叱るときは、つねに短い言葉で具体的に指示することを心がけましょう。言葉より絵や文字で見せる方が理解しやすい子どもには、絵カードをつくったり、禁止を意味するレッドカードを見せる方法もあります。子どもの特性に合わせて、一番理解しやすい言葉や方法を探ってみましょう。

POINT 5

数字を効果的に使う

代名詞や抽象的な言葉をうまく理解できないことがあります。子どもが言われたことを正確に理解できるように、数字をうまく活用してみましょう。

✕ 早く食べなさい。小学校に遅れるよ

↓

○ 7時半までに食べようね

あいまいな表現は避ける

ＡＳＤの子どもは、「もっと食べなさい」「早くして」「そろそろ覚えてよ」「お兄ちゃんでしょ」などのあいまいな表現をうまく理解できない場合があります。また、言葉の裏に隠された意味を推測することも苦手なので、比喩や皮肉なども理解できません。

前項で「叱るときは具体的に」と述べましたが、言葉の中に数字を入れると子どもにより伝わりやすくなります。何時、何個、何回など、具体的な数字を使って指示すると子どもは理解しやすく、行動変容にもつながりやすくなります。

POINT 6 大声や怖い顔をしても伝わらないことがある

とくにASDの子どもは、相手の表情や声のトーンなどを読み取ることが苦手です。大声で怖い顔をしながら叱っても、効果が見られない場合があります。

言葉かけのPOINT

✕ 食事中は座って食べなさいって、いつも言っているでしょ!

↓

○ （怒った顔のカードを見せながら）座って食べなさい

表情や声のトーンでは伝わらない場合も

より強い禁止の意味を込めて、怖い顔をしながら大きな声で子どもを叱ることがあります。しかし、ASDの子どもの場合、表情や声のトーンなどから相手がどんなことを考えているのか、どんな状況下にあるのかを判断するのがむずかしい場合があります。また、大きな声そのものに驚いてしまい、聞く耳を持たなくなることも考えられます。

こんなときには、怒った顔の絵カードを見せながら短い言葉で指示するなど、特性に合わせて理解しやすい伝え方を模索していきましょう。

POINT 7

繰り返し何度も叱らない

特性のある子どもは、同じことで何度もつまずいてしまいがちです。そのたび繰り返し叱られていると、子どもは強い劣等感を持ってしまうおそれがあります。

× キョロキョロしないで、早く宿題をやってしまいなさい！

○ あと１問できたら、休憩にしよう

叱る基準を設けてみる

ＡＤＨＤの子どもの場合、落ち着きがなかったり、忘れ物をしたり、約束が守れないなど、同じ失敗を何度も繰り返してしまう傾向がありま す。そのため同じことで何度も繰り返し叱られることになり、物事に取り組む意欲を失ってしまうおそれがあります。

そこで子どもの特性を考慮しながら、多少のことは大目に見ることにして、叱る回数を減らしましょう。「これは見過ごせない」ということに対して叱ることに決め、具体的な指示や小さな目標を提示してあげるとより効果的です。

POINT 8

子どもの注意を引きつけてから叱る

言葉かけのPOINT

× （離れた場所から）いつまでゲームをしているの？ 早くお風呂に入ってしまいなさい！

↓

○ （子どもの視界に入って） 今日のゲームはおしまい。お風呂に入ろう

子どもがほかのことに気が向いていたり、夢中になっているときは、自分が叱られていることに気づかない場合があります。

子どもに伝えることが先決

ＡＳＤの子どもは、遠くから声をかけても自分のことだと気づかないことがあります。ＡＤＨＤの子どもは、何かに夢中になっていると、ほかのことに気が回らない場合があります。

ほめるときと同様に、叱るときもまずはそばに行って子どもの視界に入り、肩を軽くトントンと叩くなど注意を引きつけてから、端的に注意することが大切です。子どもが反応しないからと言って、無言で遊んでいるゲームを取り上げたり、無理やりお風呂に連れて行くといった行動は、混乱を招くおそれがあります。

言葉かけのPOINT

POINT 9

感情的に叱らない

子どもが言うことを聞かないからと何度も同じことを注意していると、つい感情的になってしまいがちです。しかし、叱る側がヒートアップするのは逆効果です。

✕ 何回言えばわかるの？
本当にダメな子ね。もう知らない

↓

○ （感情的な言葉は飲み込んで）
今日はここまでにしておこう

子どもに感情をぶつけない

子どもが何度叱っても同じ失敗を繰り返していると、親としてはイライラしたり、情けなくなったりすることもあるでしょう。だからといって感情的に「ダメな子ね」「もううんざり」などと口に出すことは絶対に避けましょう。

親が怒りの感情を子どもにぶつけると、子どもも不機嫌になりやすく、親が悲しんでいれば子どもも悲しくなって、うつ状態に陥ってしまうこともあります。どうしても感情が抑えられないときには、子どものいないときやいない場所で解消するようにしましょう。

POINT 10

絶対に体罰はしない

いかなる場合でも、体罰はNGです。その場は効果があるように見えても、長い目で見れば子どもの成長にとってマイナス要素しかありません。

言葉かけのPOINT

× 「何度言ったらわかるんだ!」と子どもを叩く

↓

○ 感情が爆発しそうになったら、とりあえずその場を離れる

子どものトラウマになることも

親の言うことを聞かなかったり、何度言っても改善が見られないようなとき、「言葉で言ってもわからないのなら」と、つい手が出てしまうことがあります。とくに男親の中にはまだ、「体罰は必要悪」だと考えている人もいるようです。

一時的には言うことを聞くようになるかもしれませんが、根本的な改善につながるわけではありません。むしろ体罰をしたことで、子どもがビクビクとおびえるようになったり、無気力になったり、親に対して心を閉ざしてしまうおそれがあります。

COLUMN

完璧を目指さない方が子どもも親もラク

子どもと接していると、ほめるよりも叱ることの方がどうしても多くなりがちです。特性のある子どもの場合、ほかの子どものようにはいかないところがたくさんあるため、どうしても細かく口を出すことになります。子どもが指示したようにできなかったり、また同じ失敗を繰り返したりすると、親もついヒートアップしてしまいます。

一方で、子どもを叱ってばかりいる自分に自己嫌悪してしまう親が少なくありません。その裏には、「ほめる育児」「怒らない育児」を実践したいという思いがあるのではないでしょうか。

はっきり言いますが、ほめてばかりの育児や絶対に怒らない育児などできません。親も生身の人間ですし、感情があります。日々の体調によっては、感情も揺れ動きます。それを押し殺して子どもと接していては身が持ちません。

子育ては長距離マラソンです。つねに完璧を目指していると、すぐに息切れを起こします。そうならないためにも、おおまかな努力目標を立ててみましょう。たとえば、叱る回数を通常より三〇％程度減らす、子どもが想定の五〇％程度できたら良しとする、といった具合です。子どもを見ているとついイライラして口が出てしまうなら、子どもから目線を外して、自分のしたいことをする時間をつくってみるなど、具体策を設けておくといいかもしれません。

それでもしんどいと感じるときには、自分に対して言葉をかけてあげましょう。「まあいいか」「しゃあない」「こんなこと、あるある」「なんとかなるさ」などは、肩の力を抜く魔法の言葉です。親自身が「こうしなければ」という縛りから解放されて楽になれば、子どもも楽になり、いい循環が生まれます。

第7章

「いけないこと」を上手に伝える言葉かけ

特性のある子どもは、やっていいことや悪いことがうまく理解できない場合があります。また、良くないことだとわかっていても、ついまたやってしまう場合もあります。ちょっとした言葉の言い換えを身につけて、「いけないことはいけない」というブレーキを上手にかけてあげましょう。

ルールを決める①

相手を傷つける言動を繰り返す場合

他人の気持ちを読み取ったり、想像するのがむずかしいＡＳＤの子どもは、悪気がなくても相手の心を傷つけるような言動を繰り返してしまうことがあります。

「禁句」を決めておこう

ＡＳＤの子どもは、他人の気持ちを読み取るのが苦手なことがあります。また、注意力が乏しいＡＤＨＤの子どもは、感じたことをそのまま言葉にしてしまうことがよくあります。そのため悪気はなくても、相手の心を傷つけるような言動を口にして、その場の空気を悪くしたり、トラブルを引き起こしたりする場合があります。

そこで普段から、口に出してはいけない言葉を決めておきましょう。その都度、「この言葉は言わない」と言い聞かせることが大切です。

伝え方のPOINT

「バカ」「死ね」など悪意のこもった言葉

↓

『バカ（死ね）』って言わない

「太っている」「足が短い」など容姿をバカにする言葉

↓

友だちに『太っている（足が短い）』と言わない

ルールを決める②
他人を叩いたり、物を壊したりする場合

伝え方のPOINT

人を叩く（蹴る）のはやめなさい

物を投げてはいけない

（行為を止めたら）やめてくれてありがとう

コミュニケーションが苦手な子どもは、言葉より先に手や足が出てしまう場合があります。こうした行為は理由に関わらず「やってはダメ」であることを教えましょう。

言葉で止まらないときは強制的に動きを止める

からかわれたり、いやなことを言われたときにうまく言い返すことができず、相手を叩いたり蹴ったりすることがあります。物に当たることで晴らそうとすることもあります。

いずれの場合も、早急に子どもの行為を止める必要があります。言葉で言っても止まらないときは、口を覆ったり、手をぎゅっと握ったり、後ろから抱きかかえるなどして強制的に動きを止めましょう。その際、「悪い子ね」などと人格を非難せず、「叩いてはいけない」と行為そのものを禁止し、行為をやめたら「やめてえらかったね」と伝えましょう。

ルールを決める③

危険なときはとにかく止める

ＡＤＨＤの子どもは、あまり深く考えずに行動するところがあります。それがケガや命に関わるような危険をともなう場合には、やっていい行為を短く伝えるようにします。

伝え方のPOINT

車が来るから危ないよ！

↓

止まって！

一人で行っちゃダメ！

↓

待って！

ひと言で子どもの行動を止める

ＡＤＨＤの子どもは、物事を深く考えず、衝動的に行動してしまうことがあります。知らない場所なのに一人でウロウロ動き回ったり、好奇心から高いところに登ろうとしたり、赤信号を渡ろうとしたり……。そうした行動がケガや事故にならないように、子どもの動きをとっさに止める必要があります。

この場合、「ダメ！」「危ない！」「何をしているの！」などの抽象的な表現ではなく、「待って！」「止まって！」「ストップ！」など、そのときやっていい動きを、強く、短く、具体的に言うのがコツです。

ルールを決める④

許容範囲を決める

してはいけないことの中には、条件をクリアすればやってもいいことが含まれる場合もあります。どこからやってもいいのか、許容範囲のラインを決めて伝えましょう。

伝え方のPOINT

家の中でボール遊びをしちゃダメって言ったでしょ！

↓

家の中ではいけないけど、公園ではやっていいよ

いつまでゲームをやっているの。いい加減にやめなさい！

↓

宿題がすんだら、夕飯の時間までゲームをやってもいいよ

ここまではOK、ここまではNGをはっきりと

子どもが「してはいけないこと」を学び、自ら止められるようになるまでは、親が止めてあげる必要がありますが、親がしょっちゅうダメ出しをしていると、実際にやってもいい状況になっても、子どもが動けなくなってしまう場合があります。

そこで許容範囲を決めておきましょう。たとえば、「家の中でサッカーをしてはいけない、外ならいいよ」というように、「ここまではOK、ここまではNG」という目安を、言葉で伝えていくのです。そうすることで、本人もどう行動すればいいかがわかるようになります。

ルールを決める⑤

言うことを聞かないときは理由を聞いてみる

子どもが言うことを聞かないのは困ったものですが、そこには子どもなりの理由があるのかもしれません。それを本人に聞いてみましょう。

伝え方のPOINT

どうしてあなたはお母さんの言うことが聞けないの！

↓

あなたは何がしたかったのかな？

「何がしたかったのか」を聞いてみる

叱るにせよ、指示するにせよ、説得するにせよ、子どもが親の言葉を聞かないことはよくあることです。

そうした態度をとられるとついヒートアップしがちですが、ここは一回大きく深呼吸をしてみましょう。少し心が落ち着いたら、「あなたは何がしたかったの？」と聞いてみてください。なぜ、親の言いつけを守れなかったのか、子どもなりの理由をたずねてみるのです。その上で、子どもの失敗や至らなかったところを指摘し、どうすればいいのかを具体的に指示することで、子どもは「正しいやり方」を覚えていきます。

ルールを決める⑥
結果と予測を伝える

子どもがしてはいけないことをしたとき、それによってどんな未来が待っているのか、予想されることを説明してみるのも方法です。

伝え方のPOINT

家の前の道路に飛び出したらダメよ

↓

道路に飛び出したとき車が来たら、大ケガをして学校に行けなくなるけど、あなたはそれでもいい？

「そうなってもいいの？」と本人に判断させる

ADHDの子どもは、先のことを考えたり予測したりすることが苦手です。「危ないから、飛び出してはいけない」と親が注意しても、そのそばから飛び出してしまうこともあります。幼児なら親が力ずくで止めることが一番ですが、成長に合わせて本人に「考えて行動する」習慣を身につけさせたいものです。

そこで「飛び出したらこうなる」と予想されることを説明してあげましょう。その上で、「あなたはそうなってもいいの？」と本人に判断させることで、いけない行動にブレーキをかけていきましょう。

ルールを決める⑦

ときにはペナルティーも必要

いくら注意しても問題行動をやめようとしないときは、「ペナルティー＝罰」を与えることもときには必要です。

警告して、ペナルティーを与える

　何度注意しても、子どもが問題行動を繰り返すようなときは、ペナルティーを与える必要があります。この場合のペナルティーとは、子どもの好きなものを一時的に取り上げたり、制限をかけることです。

　その際、あらかじめ子どもと一緒にルールを決めておき、「次に○○したらテレビを消すよ」と警告しておきます。子どもがもしルールを守れなかったときは、「今、○○したね？」と注意を引きつけた上で、テレビを消します。このように警告とペナルティーを繰り返すことで、問題行動を減らす効果が期待できます。

伝え方のPOINT

外で騒いだら○○買ってあげないからね

↓

外で騒いだら、約束通り、○○は買いません

第8章

子どもの意欲を引き出す言葉かけ

特性のある子どもはさまざまな困難を抱えており、生きづらさを感じたり、劣等感を覚えがちです。そんな子どもに自信をつけ、意欲を引き出してあげるには、親子の信頼関係がしっかりと築かれていることが前提となります。子どもに親の愛情をしっかり伝えていきましょう。

愛情をわかりやすく伝える

親が子どもを愛しい存在として大切に思っていることを、はっきりと言葉にして子どもに伝えましょう。愛情は信頼関係を築く土台になります。

伝え方のPOINT

（親子なんだから、わざわざ言わなくてもわかるでしょ）

▼

○○ちゃん、大好きだよ

子どもに「大好き」と言おう

日本人は全般的に愛情を表現するのがうまくなく、「言わなくてもわかるはず」と思っている人が少なくありません。しかし、たとえ親子でも言葉にしなければ伝わらないことはたくさんあります。ましてや、人の感情を読み取ることの苦手なＡＳＤの子どもの場合、はっきり言葉にしなければ伝わりません。

そこで子どもを大切に思っていることを「大好き」という言葉にして、折に触れて子どもに言ってあげましょう。どんなときでもお父さんやお母さんは自分を愛してくれているという安心感が持てると、自己肯定感も高まります。

あいづちを打つ

伝え方のPOINT

（話の途中で）でもね…／そうじゃなくて…

（あいづちを打ちながら）
「うん、うん」「そうなんだ～」

子どもの話を最後まで聞いていますか？　途中で口をはさまず、あいづちを打ちながら話を聞いてあげるだけで、「自分は受け入れられている」と感じます。

否定せず話を最後まで聞く

特性のある子どもとのコミュニケーションは、ときにはむずかしいこともありますが、できるだけ最後まで耳を傾けてあげましょう。大人でもただ話を聞いてもらいたいときに、途中で「でもね……」「それは違うんじゃない？」などと正論で話を遮られたら、もうその人とは腹を割った話はできないものです。

子どもだって同じです。たとえうまく話せなくても、「うん、うん」とあいづちを打ちながら、否定せずに聞いてあげましょう。それだけで自分は受け入れられていると感じ、安心感を抱けるようになります。

笑顔でスキンシップを図る

特性のためにコミュニケーションがスムーズにいかない親子が信頼関係を築いていく際、「笑顔」や「スキンシップ」が潤滑油の役割を果たします。

伝え方のPOINT

（そういえば最近子どもの笑顔を見ていないな）

一緒に遊ぼう／一緒に〇〇へ行こう

笑顔とスキンシップは心を解きほぐす

特性のある子どもがいると、親は振り回されることが多くなります。そのためついイライラして口うるさくなり、親子ともに「一緒にいても楽しくない」と感じるようになってしまいがちです。

この場合、スキンシップをとる機会を増やしましょう。一緒に遊んだり、手をつないで買い物に出かけたり、子どもをひざの上に座らせながらテレビを見るのもいいでしょう。その際、笑顔で接することがポイントです。他人への関心の薄いＡＳＤの子どもでも、笑顔で接する人には反応を示すことが多いものです。

親の気持ちを子どもに伝える

伝え方のPOINT

あなたはどうしてこんなことばかりするの！

▼

あなたがこんなことばかりするから、お母さんは悲しい

お父さんは、そういうのはいやだな

子どもが良くないことをしたとき、ただ叱るのではなく、「そんなことをされると悲しい」など親の気持ちを伝えてみましょう。

親自身を主語にして話してみる

特性のある子どもと一緒にいると、ほめてあげようと思っていても、実際には小言の方が多くなりがちです。小言が多くなれば子どもは親の言うことを素直に聞けなくなり、言う親の方も疲れてしまいます。

このような場合、子どもを主語にせず、親自身を主語にして気持ちを伝えてみるのも方法です。「あなたがこんなことばかりするから、お母さんは悲しい」というように、子どもの行動に対して、親がどう感じているのかを子どもに伝えるのです。これを心がけていると、親子の心の交流がスムーズになっていきます。

安心させる

伝え方のPOINT

もう知らない！／好きにすれば！

↓

大丈夫だよ

親自身に心の余裕がないとき、つい脅すような言い方をして、子どもを不安にさせてしまう場合があります。こんなときは親子ともに安心できる言葉が必要です。

互いに心を鎮める言葉が必要

親自身に心の余裕がないとき、「もう知らない！」「置いていくよ！」「好きにすれば！」などの脅し文句や捨て台詞を言ってしまうことがあります。たとえ子どもが悪くても、親がこうした言葉を口にすると、子どもは親に不安や不信を募らせて、余計言うことを聞かなくなる場合があります。

この場合、親自身が落ち着くことが先決。子どもが何か悪さをしたときは、とっさに深呼吸をして、根拠などなくても「大丈夫」と言ってみましょう。その言葉で親自身が平静を取り戻し、子どもも安心できます。

子どもに謝る

伝え方のPOINT

あなたといるといやになる／うちの子じゃない

▼

ごめんね。
さっきはお母さん、言い過ぎちゃった

親だって感情のコントロールがうまくいかないときがあります。子どもに言い過ぎたり、突き放した態度をとってしまったときは、素直に謝りましょう。

親に非があるときは素直に謝る

親も人間です。感情のコントロールがきかなくなり、子どもを必要以上にきつく叱ったり、突き放した態度をとってしまうことがあります。しかし、それによって今まで築いてきた親子の信頼関係が一気に崩れてしまうおそれがあります。

少し冷静になってから、子どもに素直に謝りましょう。「親から頭を下げることはできない」などとプライドをかざすのはよくありません。子どもにとっては謝られたことで納得しやすくなりますし、「悪いことをしたり言ったりしたときは素直に謝る」というお手本にもなります。

ほかの子どもと比べない

伝え方のPOINT

○○君はできるのに、どうしてあなたはできないの？／弟の方がずっと上手にできるよ

↓

去年より上手にできるようになったね

特性のある子どもは、がんばってもクリアできないことがあります。ほかの子どもと比べるのではなく、子ども自身の変化や成長を比べましょう。

子どもの以前と現在を比較して自信を持たせよう

特性のある子どもは、何かを獲得するのに多くの時間を要する傾向があり、そもそもがんばってもできるようにならないこともあります。成長とともに子ども自身もそれを自覚するようになり、劣等感を抱く要因となります。

親子の信頼関係を崩さないためにも、親は決してほかの子どもやきょうだい児と比べるようなことはしないでください。子ども自身の過去と現在を比べて、できるようになったことや進歩したことなどを評価し、それを言葉で伝えて子どもに自信を持たせてあげましょう。

聞き上手になろう

子どもの話を聞くことは、子どもに安心感を与え、コミュニケーション力を伸ばすことにもつながります。途中で話の腰を折らず、最後まで聞いてあげましょう。

伝え方のPOINT

今、忙しいから後にして／また、その話？

↓

なあに？　聞かせて、聞かせて

（話の途中で）でもね／だけど

↓

そうなんだ／へぇ～／すごいね

聞き上手は子どもの成長を後押しする

子どもが話しかけてきたとき、つい「忙しいから後でね」と言っていませんか。これはせっかくの成長のチャンスを棒に振るおそれがあります。忙しくても、できるだけ子どもの言葉に耳を傾けてあげましょう。

親が子どもの話に興味を持ちながら聞くと、子どもは「もっと話がしたい」と思うようになり、コミュニケーション力も伸びていきます。途中で話の腰を折ったりせずに、最後まで聞いてあげましょう。共感したり、肯定的なあいづちを打って話を促してあげると、親への信頼感も芽生えてきます。

監修者略歴

宮尾益知（みやお　ますとも）

東京生まれ。徳島大学医学部卒業、東京大学医学部小児科、自治医科大学小児科学教室、ハーバード大学神経科、国立成育医療研究センターこころの診療部発達心理科などを経て、2014年にどんぐり発達クリニックを開院。主な著書・監修書に『発達障害の治療法がよくわかる本』、『発達障害の親子ケア』、『女性のアスペルガー症候群』、『女性のADHD』（いずれも講談社）、『アスペルガーと愛』（東京書籍）、『職場の発達障害』、『女性の発達障害』、『発達障害の基礎知識』（いずれも小社）など。専門は発達行動小児科学、小児精神神経学、神経生理学。発達障害の臨床経験が豊富。

参考図書

『発達障害の子に「ちゃんと伝わる」言葉がけ』佐々木正美／著　すばる舎
『家族をラクにする魔法の言葉』宮尾益知、家族を考える会／著　飛鳥新社
『発達障害の子どもを伸ばす　魔法の言葉かけ』shizu／著　平岩幹男／監修　講談社

Staff

装丁／志摩祐子（レゾナ）
本文デザイン・DTP／志摩祐子、西村絵美（いずれもレゾナ）
カバー・本文イラスト／横井智美
企画・構成／青文舎（西垣成雄）
編集・執筆／関根利子

発達障害の子どもが元気になる やさしい言葉かけ

2021年10月20日初版印刷
2021年10月30日初版発行

監　修　宮尾益知
発行者　小野寺優
発行所　株式会社河出書房新社
〒151-0051
東京都渋谷区千駄ヶ谷2-32-2
電　話　03-3404-1201（営業）
03-3404-8611（編集）
https://www.kawade.co.jp/

印刷・製本　図書印刷株式会社

Printed in Japan ISBN978-4-309-25433-3